新时代内部审计助推高校治理能力现代化的理论与实践研究

文山东　著

中国商业出版社

图书在版编目(CIP)数据

新时代内部审计助推高校治理能力现代化的理论与实践研究 / 文山东著. -- 北京 ：中国商业出版社，2025. 4. -- ISBN 978-7-5208-3368-4

Ⅰ. F239.66

中国国家版本馆CIP数据核字第2025K8G483号

责任编辑：管明林

中国商业出版社出版发行
（www.zgsycb.com　100053　北京广安门内报国寺1号）
总编室：010－63180647　编辑室：010－83114579
发行部：010－83120835/8286
新华书店经销
天津和萱印刷有限公司印刷
*
787毫米×1092毫米　16开　8.5印张　150千字
2025年4月第1版　2025年4月第1次印刷
定价：45.00元
* * * *

前　言

在全球化和信息化迅速发展的背景下，高等教育作为国家和社会发展的重要支柱，其治理能力的现代化显得尤为重要。高校不仅是知识的传播者和创新的源泉，还是培养国家未来人才的重要基地。随着社会对高等教育的期待不断提高，如何提升高校的治理能力，确保其在复杂多变的环境中保持高效、透明和可持续地发展，已成为教育管理者、政策制定者和学术界共同关注的焦点。

本书从内部审计在高校治理中的地位与作用入手，解读了新时代内部审计助推高校治理能力现代化的路径，然后论述了内部审计在高校风险管理中的应用、内部审计与高校内部控制的协同作用，最后对内部审计在高校财务管理中的职能发挥进行了深入探讨。希望通过本书的介绍，能够为读者提供新时代内部审计助推高校治理能力现代化的理论与实践研究方面的帮助。

本书主要汇集了笔者在工作、实践中取得的一些研究成果。在撰写过程中，笔者参阅了相关文献资料，在此，谨向其作者深表感谢！

由于笔者水平有限，加之时间仓促，书中难免存在一些不足和疏漏，敬请广大读者批评指正。

文山东

2024 年 12 月

目　录

第一章　内部审计在高校治理中的地位与作用

第一节　内部审计的定义与职能

一、内部审计的基本概念

（一）定义与内涵

内部审计是指在组织内部进行的一种独立、客观的确认和咨询活动，其主要目的是增加组织的价值和改善其运作。它通过系统化和规范化的方法来评估和提高风险管理、控制和治理过程的有效性。在高校治理中，内部审计不仅是对财务报表的核查，更是对整个高校运营合规性的全面评估。其内涵已经从传统的财务审计扩展到包括风险管理、控制评估和治理支持等多种职能。这种扩展使得内部审计成为高校治理中不可或缺的一部分，为高校的透明度和问责制提供了重要支持。

高校内部审计通过提供独立的审计意见，帮助管理层识别潜在风险，优化决策过程，并提高资源配置的效率。通过对高校各个部门的运营和管理活动进行审计，内部审计能够识别出潜在问题和改进机会，从而促进高校的整体发展。此外，内部审计还在高校中扮演着治理支持的角色，通过对治理结构的评估和建议，帮助高校管理层建立更加有效的治理框架。这不仅提高了高校的管理效率，也为实现高校的战略目标提供了保障。

（二）发展历程

内部审计在高校治理中的发展历程可以追溯到其最初的财务审计职能。早期的内部审计主要集中于对财务报表的真实性和资金使用的合规性进行检查。这一阶段的审计工作关注点较为单一，主要是为了确保高校财务活动的透明度和合法性。然而，随着高校管理活动的日益复杂化，传统的财务审计已经无法满足日益增长的管理需求。因此，内部审计的职能开始扩展，逐步涵盖运营审计和合规审计。运营审计的引入使得内部审计不仅关注财务数据的准确性，还开始关注高校运营的整体管理效能，确保各项管理活动的合理性和有效性。

随着高校面临的外部环境和内部管理挑战的不断增加，内部审计的职能进一步扩展，引入了风险管理的理念。这一转变使得内部审计不是局限于事后的检查和纠错，而是主动参与风险识别和评估的过程中。通过对潜在风险的识别，内部审计能够为高校管理层提供前瞻性的建议，帮助其在决策过程中更好地规避风险，提高治理的有效性。这种职能的扩展不仅提升了内部审计的地位，也增强了其对高校治理的贡献。

近年来，随着信息技术的快速发展，内部审计在高校治理中的角色越发重要。技术应用的广泛引入，使得内部审计能够利用数据分析和信息技术手段提高审计的效率和准确性。大数据技术的应用，使得审计人员能够从海量数据中提取有价值的信息，进行更为深入的分析和判断。这不仅提高了审计工作的效率，也使得审计结果更加可靠和具有说服力。

二、内部审计的核心职能

（一）监督职能

内部审计作为高校治理中的重要组成部分，首先在于其监督职能的有效发挥。通过对高校财务活动的监督，内部审计能够确保资金使用的合规性和有效性，从而降低财务风险。这种监督不仅限于财务领域，还延伸至高校的运营流程。内部审计在评估各项业务活动的效率和效果方面，发挥着至关重要的作用，推动资源的合理配置。内部审计通过对政策和程序的审查，监督高校的合规性，确保其遵循相关法律法规和内部规章制度。这种监督机制的建立，不仅是对高校管理层的约束，也是对其管理决策的科学化和合理化的促进。

在此基础上，内部审计为高校管理层提供了重要的监督反馈，能够及时识别潜在问题。这种反馈机制使得管理层能够更加科学地进行决策，避免因信息不对称而导致的管理失误。同时，内部审计通过定期和不定期的审计活动，增强了高校的透明度。这种透明度提升了各利益相关者对高校治理的信任度，进而促进了高校内部的和谐与稳定发展。内部审计的监督职能不仅是对现有问题的揭示，也是对未来发展的指引，为高校的长远发展提供坚实的保障。

（二）评价职能

内部审计在高校治理中扮演着至关重要的角色，其核心职能之一便是评价职能。通过定量和定性的评估方法，内部审计能够深入分析高校各项业务的绩效，为管理层提供科学决策的参考依据。这种分析不仅限于财务数据，还包括教学质量、科研成果等多方面的综合评估。通过对这些数据的深入分析，内部审计能够帮助高校管理层更好地理解现状，从而作出更为科学合理的决策，提高高校整体运作的效率。

在资源配置方面，内部审计的评价职能尤为关键。高校作为资源密集型组织，如何合理配置和使用资源直接关系到其可持续发展。内部审计通过对资源配置的合理性进行评价，能够有效识别资源浪费和不当使用的情况。这不仅有助于提高资源使用效率，还能为高校的资源管理提供重要的改进建议。通过这种方式，内部审计不仅能帮助高校节省成本，还能提升其整体竞争力和发展潜力。

内部审计通过对风险管理措施的评估，增强高校应对潜在风险的能力。在高校的日常运营中，风险管理是不可或缺的一部分。内部审计通过系统的风险评估，能够识别潜在的风险因素，并提供有针对性的分析和建议。这种风险评估不仅限于财务风险，还包括学术诚信、信息安全等多个方面。通过对这些风险的评估和建议，内部审计能够帮助高校建立更为健全的风险管理体系，提高其抗风险能力。

内部审计对高校政策实施效果的评价具有重要意义。政策的实施效果直接影响高校的发展方向和战略目标的实现。通过对政策实施效果的评价，内部审计能够帮助管理层理解政策的实际影响。这种评价不仅包括政策的直接效果，还包括其间接影响和潜在后果。通过这种全面的评价，管理层可以优化政策调整和实施策略，确保政策的有效性和可持续性。

内部审计通过对外部审计报告和合规性检查结果的分析，推动高校在合规管理和财务透明度方面的改进。合规管理和财务透明度是高校治理的重要组成部分，直接关系高校的声誉和社会责任。通过对外部审计报告和合规性检查结果的分析，内部审计能够识别高校在合规管理和财务透明度方面的不足，并提出改进建议。

（三）咨询职能

内部审计在高校治理中扮演着不可或缺的角色，尤其是在咨询职能方面，其作用尤为突出。内部审计不仅是监督与评价的工具，还是高校管理层的重要“战略伙伴”。通过提供战略咨询，内部审计帮助高校管理层制定长远发展规划和目标。这种支持确保了资源配置与学校整体战略的高度一致性，使得高校能够在快速变化的教育环境中保持竞争力和可持续发展。内部审计的介入，使得高校在战略制定过程中，能够更好地识别机会与挑战，从而进行更为精准的资源投入与配置。

在政策制定过程中，内部审计以其专业的视角提供建议，协助高校管理层设计和优化内部控制流程。通过对现有流程的深入分析与评价，内部审计能够识别出潜在的风险与不足，并提出切实可行的改进方案。这不仅提升了管理效能，也为政策的落地实施提供了坚实的保障。通过内部审计的参与，高校能够更好地应对复杂的政策环境，确保内部控制的有效性和适应性，从而推动高校治理能力的现代化。

内部审计通过对行业最佳实践的研究，向高校提供改进建议，推动管理模式与国际标准接轨。这一过程不仅是对现有管理模式的反思与优化，也是对国际先进管理经验的学习与借鉴。通过对比分析国内外高校管理模式的差异，内部审计能够识别出适合本校的实践路径，帮助高校在全球化的教育市场中占据有利地位。这样的咨询职能，使得高校能够在管理创新中不断进步，保持其在学术界的领先地位。

内部审计为高校提供培训与知识分享，提升管理层和员工对审计流程及合规要求的理解与重视。这不仅增强了高校内部的合规文化，也提高了整体管理水平。通过定期的培训与交流，内部审计帮助高校员工理解审计的重要性及其对学校发展的影响。这种知识分享的模式，不仅提高了员工的专业素养，也促进了高校内部的沟通与协作，形成了良好的内部审计生态。

三、内部审计的工作流程

（一）计划阶段

计划阶段是内部审计工作流程中的关键环节，旨在为整个审计过程奠定坚实的基础。计划阶段的目标设定至关重要，须明确审计的范围、目的和预期成果。这一阶段的成功与否，直接影响内部审计能否有效支持高校治理。通过明确审计范围，审计团队能够聚焦高校治理中最为关键的领域，确保审计资源的合理配置。目标设定的准确性也决定了审计成果的有效性和可操作性，为高校治理提供有力支持。

在计划阶段，识别和评估相关风险是不可或缺的步骤。审计团队需对高校内部和外部的风险因素进行全面分析，以确定审计重点领域。通过风险评估，审计团队能够有效识别出高校治理中潜在的风险点，并将资源集中于这些领域进行深入审计。这样不仅提高了审计的效率，也增强了审计对高校治理的支持力度。合理的风险评估有助于审计团队在有限的资源条件下，最大化地发挥审计的作用。

制订详细的审计计划和时间表是计划阶段的核心任务。详细的计划能够确保审计活动的有序进行，避免因计划不周而导致的资源浪费或审计目标偏离。时间表的制订需考虑审计活动的复杂性及各环节所需的时间，确保每一阶段都能按时完成。通过细致的计划安排，审计团队能够在规定的时间内完成预定的审计任务，为高校治理提供及时的审计报告和建议。

确定审计团队的组成及职责分工是计划阶段的一项重要内容。审计团队的专业能力直接影响审计工作的质量，因此需根据审计需求合理配置团队成员。通过明确的职责分工，团队成员可以各司其职，发挥各自的专业特长，提高审计工作的效率和质量。合理的团队构建不仅能提升审计工作的专业性，也能增强审计对高校治理的支持效果。

（二）执行阶段

在高校治理中，内部审计的执行阶段是确保审计活动顺利推进的核心环节。在这一阶段，审计团队需全面收集审计证据，获取和分析相关财务及运营数据，以确保审计结论的可靠性。通过细致的数据分析，审计人员能够识别出潜在问题和风险，为高校管理层提供决策支持。审计证据的收集不仅限于书面材料，还包括对信息系统的测试和对财务报告的核实，这一过程确保了审计工作的全面性和准确性。

现场审计活动是执行阶段的一个重要组成部分。审计团队通过访谈、观察和实地考察等方式获取第一手资料，验证信息的真实性。这些活动不仅帮助审计人员深入了解高校的实际运营状况，还能发现书面报告中未能体现的问题。通过与各部门的互动，审计团队能够更全面地掌握高校的内部控制环境，进而为改进管理提供实证支持。现场审计的结果为后续的审计报告奠定了坚实的基础。

审计工作记录的详细性是执行阶段的关键要素之一。所有审计过程和发现都需被详细记录，这不仅是为了确保审计活动的透明性和可追溯性，也是为了给后续分析和报告的准确性提供依据。审计记录包括工作底稿、证据清单和风险评估报告等，详细的记录有助于审计团队在报告编写阶段提供有力的支持，并为未来的审计工作积累经验。

在执行阶段，风险应对措施的实施是确保审计过程顺利进行的重要保障。审计团队根据识别的风险制定相应的控制措施，以减少风险对审计结果的影响。这些措施可能包括调整审计计划、增加审计程序或加强对特定领域的关注。通过有效的风险应对，审计团队能够提高审计工作的效率，确保审计目标的实现。

（三）报告阶段

在高校治理中，内部审计的报告阶段是一个至关重要的环节，直接影响审计工作的最终成效和高校治理能力的提升。在这个阶段，审计结果的整理与分析是首要任务。通过对审计过程中发现的问题和提供的建议进行系统性归纳，审计人员能够确保这些信息在后续的决策过程中具有参考价值。这一过程不仅要求审计人员具备敏锐的洞察力和分析能力，还需要他们能够从全局出发，综合考虑各类因素，确保审计结果的全面性和准确性。

撰写审计报告是报告阶段的核心任务。审计报告的结构与内容必须严谨而翔实，包括背景信息、审计目的、发现的主要问题及相应建议等关键要素。这不仅有助于管理层和相关部门全面了解审计情况，也为他们的决策提供了有力支持。审计报告的撰写要求审计人员具备良好的文字表达能力和逻辑思维能力，以确保报告内容的清晰和易于理解。

在报告阶段，审计报告的审核与确认流程不可忽视。这一流程旨在确保报告的准确性和完整性，避免信息遗漏和误解。通过严格的审核机制，审计人员能够对报告中的各项内容进行细致的检查与确认，确保其符合高校治理的实际需求。此外，审核流程的完善也为审计工作的透明性和公正性提供了保障，有助于提升高校内部审计的公信力。

向管理层和相关部门呈报审计结果是报告阶段的重要环节之一。通过及时传达审计信息，审计人员能够为管理层的决策提供及时的支持。这一过程要求审计人员具备良好的沟通能力和协调能力，以确保信息传递的高效性和准确性。通过与管理层和相关部门的密切合作，审计人员能够促进审计建议的有效落实，推动高校治理能力的不断提升。

四、内部审计的标准与规范

（一）国际标准

国际标准是全球范围内内部审计活动的统一指南，为各类组织提供了系统的审计框架。国际内部审计标准的基本框架与原则包括独立性、客观性、系统性和责任性等，这些原则确保了审计活动的有效性和公正性。对于高校而言，采用国际标准能够促进内部审计的专业化发展，提高审计工作的质量和效率。通过遵循这些标准，高校可以更好地识别和管理风险，优化资源配置，从而提高治理能力。

国际内部审计标准的基本框架与原则为高校内部审计提供了清晰的指导方针。这些标准强调审计活动的独立性和客观性，要求审计人员在执行审计任务时保持中立，避免任何形式的利益冲突。此外，标准还强调系统性和责任性，要求审计活动必须有计划、有步骤地进行，并对审计结果负责。通过遵循这些原则，高校内部审计能够更有效地识别问题，提出改进建议，进而推动高校治理的现代化。

国际内部审计标准对高校内部审计的适用性分析表明，这些标准不仅适用于企业，也同样适用于高校这样的非营利组织。高校在实施国际标准时，需要根据自身的特点和需求进行调整，以确保审计活动的实际效果。通过灵活应用国际标准，高校能够更好地应对复杂的管理环境，提高审计工作的针对性和有效性，从而在治理结构中发挥更大的作用。

国际内部审计标准在提升高校治理透明度中的作用不容忽视。透明度是现代治理的重要特征之一，而内部审计则是实现透明度的关键手段。通过严格遵循国际标准，内部审计能够提供客观、公正的信息，帮助高校管理层和外部利益相关者全面了解学校的运营状况。这样的透明度不仅有助于增强高校的公信力，也为利益相关者参与学校治理提供了基础。

国际内部审计标准对审计人员职业道德的要求非常严格，强调审计人员必须具备高尚的职业道德水准。这些要求包括诚实、正直、保密性以及专业能力等方面。对于高校内部审计人员而言，遵循这些职业道德要求是确保审计质量和信任度的基础。通过加强职业道德建设，审计人员能够更好地履行职责，为高校治理提供高质量的审计服务。

（二）国家标准

国家标准是指由国家相关部门制定的用于指导和规范特定领域活动的统一规定。在高校内部审计中，国家标准为审计活动提供了一个系统化的框架，确保审计过程的透明和公正。这些标准不仅涵盖了审计的基本原则和方法，还包括详细的操作指南和技术要求。通过遵循国家标准，高校能够有效提高内部审计的质量和效率，确保审计活动的合法性和合规性。

国家内部审计标准的基本框架通常包括审计的目标、范围、方法、程序以及结果处理等方面。这一框架为高校内部审计提供了明确的指导路径，使审计活动有章可循。在高校治理中，内部审计标准可以帮助识别和评估风险，确保高校资源的合理分配和有效使用。此外，这些标准还促进了高校内部控制和风险管理体系的完善，为高校的可持续发展提供了保障。

国家标准对内部审计人员的资格和职业道德提出了具体要求。首先，审计人员需具备相应的专业知识和技能，以胜任复杂的审计任务。其次，职业道德要求审计人员在工作中保持独立性和客观性，避免任何形式的利益冲突。这些要求确保了审计人员在执行审计任务时能够保持高水平的专业性和道德标准，从而提高审计结果的可信度和公正性。

国家标准在高校内部审计流程规范化中起到了关键作用。通过明确审计流程的各个环节，包括计划、实施、报告和跟踪等，国家标准为高校内部审计提供了系统化的操作指南。此外，实施细则为审计人员提供了具体的操作步骤和注意事项，确保审计活动的顺利开展和高效执行。这种规范化的流程有助于提高审计工作的质量和效率，减少审计风险。

国家标准对高校内部审计结果的报告与反馈机制进行了详细规定。审计报告应当清晰、准确地反映审计发现和建议，并提供可操作的改进措施。国家标准要求在报告中体现审计的独立性和客观性，以保证报告的公信力。反馈机制则确保审计结果能够及时传达给相关决策者，并根据反馈意见进行必要的调整和改进，从而提高高校治理的有效性。

（三）行业规范

行业规范不仅为内部审计提供了统一的操作框架，还确保了审计活动的合法性和有效性。在高校中，行业规范的引入有助于提升审计工作的专业性，减少审计过程中的随意性和主观性。通过建立清晰的行业标准，高校可以更好地管理内部审计活动，确保审计结果的可靠性和可比性。这些标准还为高校提供了衡量审计质量的基准，促进了审计活动的持续改进。

行业内部审计规范的基本框架与实施指南为高校内部审计提供了系统的操作流程和标准。这些框架通常包括审计的计划、执行、报告和后续行动等环节，每个环节都有具体的要求和指导方针。通过这些实施指南，高校可以确保审计活动的全面性和系统性，避免遗漏关键审计领域。同时，这些指南也为审计人员提供了明确的操作步骤和标准，帮助他们在复杂的审计环境中保持专业性和一致性，从而提高审计工作的效率。

行业内部审计人员的专业资格与持续教育要求是确保审计质量和专业性的关键因素。审计人员需要具备相关的专业资格，如注册内部审计师资格，以证明其具备必要的专业知识和技能。此外，持续教育要求确保审计人员能够跟上行业发展的步伐，掌握最新的审计技术和方法。通过不断的学习和培训，审计人员可以提升自身的专业能力，从而更好地应对高校内部审计中的各种挑战，推动高校治理能力的现代化。

审计流程的标准化与最佳实践分享是提高高校内部审计效率和质量的重要措施。标准化的审计流程可以减少审计工作的随意性，确保每次审计活动都遵循相同的步骤和标准，从而提高审计结果的可比性和可靠性。同时，通过分享最佳实践，审计人员可以学习和借鉴其他高校的成功经验，优化自身的审计流程。这种知识共享机制不仅有助于提升个体审计人员的能力，也促进了整个行业的进步和发展。

审计结果的透明度与报告机制是高校内部审计的重要组成部分。透明的审计结果有助于建立高校内部各级管理者之间的信任，增强审计活动的公信力。通过建立完善的报告机制，高校可以确保审计结果及时传达给相关决策者，支持其进行科学的决策。此外，透明的报告机制还可以促进高校内部的沟通与合作，推动审计发现的整改和落实，从而提高高校治理的整体水平。

第二节　内部审计在高校治理中的角色定位

一、内部审计在高校治理中的战略支持作用

（一）战略规划协助

内部审计在高校治理中扮演着至关重要的角色，特别是在战略规划协助方

面。通过对高校战略目标的梳理与分析，内部审计帮助管理层明确优先事项，确保资源配置与战略方向的一致性。这不仅有助于高校在资源有限的情况下进行有效的资源分配，还能在复杂多变的环境中保持战略的稳定性与连续性。内部审计在这一过程中，通过深入的分析与研究，提供了宝贵的见解和建议，使得高校的战略规划更加科学合理。

在战略规划过程中，内部审计提供的数据支持与风险评估是不可或缺的。通过对各种数据的系统分析，内部审计协助高校识别潜在的战略风险，提升决策的科学性。这种风险识别能力不仅帮助高校预见可能出现的挑战，还能为高校制定应对策略提供重要依据。内部审计的专业性在此过程中得以体现，为高校的长远发展奠定了坚实的基础。

内部审计积极参与战略规划的制定，提供专业建议，确保内部控制机制与战略目标相匹配，增强实施效果。通过对高校内部控制机制的全面评估，内部审计能够识别出潜在的控制缺陷，并提出相应的改进建议。这种双重角色不仅提升了战略规划的可行性，还确保了高校在战略实施过程中能够有效地控制风险，达成预期目标。

在高校治理中，内部审计通过对外部环境及行业动态的深入分析，帮助高校在战略规划中保持竞争力，适应变化。随着外部环境的不断变化，高校需要不断调整其战略以应对新的挑战。内部审计通过持续的外部环境监测，为高校提供了及时、准确的信息支持，使得高校能够在战略规划中保持灵活性与前瞻性。

（二）治理结构优化

内部审计在高校治理结构中提供了一个独立的监督机制，确保各部门的决策与行动能够紧密围绕整体治理目标展开。这种监督机制不仅提升了治理的透明度，还增强了高校管理的信任度。通过独立的审计活动，内部审计能够有效识别并纠正各部门在执行过程中可能出现的偏差，确保高校的资源能够被合理配置和有效使用。这种机制使得高校的治理结构更加透明，并且在一定程度上减少了信息不对称的现象。

内部审计通过对现有内部控制流程的评估和优化，显著增强了高校治理结构的有效性。这种评估过程不仅帮助高校识别管理中的潜在风险，还为管理层提供了切实可行的改进建议，从而降低管理风险。通过优化内部控制流程，内部审计能够帮助高校构建更为坚实的治理基础，确保其在面对外部环境变化时，能够保持稳定和灵活性。

内部审计在高校治理结构中充当了沟通桥梁的角色。它有效促进了管理层与各利益相关者之间的信息流通，提升了决策的参与性和民主性。通过定期的审计报告和沟通，内部审计能够将管理层的战略意图传达给各个执行部门，同时也将基层的反馈及时传递给管理层。这种双向沟通机制不仅提高了决策的科学性，还增强了各方对决策过程的认同感和支持度。

通过帮助高校明确各层级的职责与权限，内部审计在优化治理结构方面发挥了重要作用。明确的职责分配和权限界定不仅确保了决策过程的科学性与合理性，还提高了管理效率。内部审计通过对组织结构的深入分析，帮助高校厘清各层级的功能定位，确保各部门在治理过程中能够各司其职、协同合作，从而实现高校治理目标的最大化。

（三）绩效评估支持

内部审计在高校治理中扮演着至关重要的战略支持角色，尤其是在绩效评估方面。通过设定明确的绩效指标，内部审计能够帮助高校管理层量化各项业务的绩效。这些指标不仅为管理层提供了评估各部门工作成效的工具，还为优化决策过程提供了坚实的数据支持。通过这种方式，内部审计不仅提升了决策的科学性和准确性，也为高校的长远发展奠定了基础。

内部审计对高校各部门的绩效进行定期评估，确保各项工作目标的达成情况与资源使用的有效性保持一致。这种定期评估机制，不仅能及时发现和纠正偏差，还能确保资源的合理配置和使用效率的最大化。通过这样的评估，内部审计帮助高校在资源有限的情况下，最大限度地实现其战略目标，提高整体运作效率。

通过对绩效评估结果的深入分析，内部审计能够识别出业务流程中的瓶颈，并提出切实可行的改进建议。这些建议不仅有助于提升高校的管理效能，还能推动管理创新和流程优化。内部审计通过这样的分析与建议，成为高校管理层的重要智囊，帮助其在日益激烈的教育竞争中保持竞争优势。

在绩效评估中引入基准对比是内部审计的一项重要功能。这种做法帮助高校了解自身在行业中的位置，识别差距与不足，进而制定切实可行的改进措施。通过持续的基准对比，内部审计促进了高校的持续改进与创新，推动其在行业中树立标杆地位。

二、内部审计在高校风险管理中的参与

（一）风险识别与评估

内部审计在高校风险管理中扮演着至关重要的角色，通过建立系统化的风险识别流程，帮助高校识别潜在的财务、运营和合规性风险。这一过程不仅是简单的风险列举，还通过精细化的分析和系统化的流程，提供给管理层一幅全面的风险视图。高校在日益复杂的环境中运作，需要这种全面的风险识别来提前预防可能的危机，确保其在面对不确定性时能作出明智的决策。内部审计在此过程中，通过细致的流程设计，确保风险识别的全面性和准确性。

在风险识别之后，内部审计运用定量和定性分析工具对识别出的风险进行评估。这些工具帮助确定每个风险发生的可能性和潜在影响，从而帮助高校优先处理高风险领域。这种评估不仅是对现存风险的分析，也是对未来可能风险的预判。通过对风险的量化评估，内部审计可以为高校提供一种科学的风险管理框架，帮助其在资源有限的情况下，优先处理那些可能对其运营和发展产生重大影响的风险。

内部审计在风险识别与评估过程中，与高校的各个部门协作，收集和分析相关数据。这样的协作不仅提升了风险识别的全面性，也确保了数据分析的准确性。通过跨部门的合作，内部审计能够更全面地了解高校的运作模式和潜在风险点，从而提升高校整体的风险应对能力。这种协作机制的建立，有助于在高校内部形成一种风险管理的文化，使每个部门都能意识到风险管理的重要性，并积极参与到风险识别和管理的过程中。

在进行风险识别时，内部审计不仅关注高校内部的风险因素，还密切关注外部环境变化和行业动态。通过对外部环境的敏感性，内部审计能够及时调整风险评估标准，确保高校能够对新兴风险保持高度的敏感性。这样的外部视角，使得高校在风险管理中不仅限于内部视角，还能够从更广泛的角度来评估其面临的挑战和机遇。这种敏锐的外部环境感知能力，是高校在快速变化的环境中保持竞争力的重要因素。

（二）风险控制措施建议

内部审计在高校风险管理中扮演着至关重要的角色，其首要任务是建立健

全风险控制框架。健全的框架能够确保风险管理措施与高校的整体战略目标相一致，从而提升风险应对的有效性。在此过程中，内部审计需要深入理解高校的战略方向，以便在设计风险控制措施时，能够充分考虑到高校的长远发展。此外，框架的建立不仅是针对现有风险的应对，更是为未来潜在风险的管理奠定基础。因此，内部审计人员需具备前瞻性的视野，确保风险控制措施能够适应高校发展的多变环境。

定期进行风险评估是内部审计在风险管理中的一项重要职能。通过定期评估，内部审计能够及时更新风险控制措施，以应对外部环境的变化和内部管理的需求。高校作为知识创新的前沿，面临的风险类型多样且复杂，外部政策、技术变革、社会需求等因素均可能对其产生影响。因此，动态的风险评估机制至关重要，它不仅能帮助高校及时识别和应对新兴风险，还能为高校的决策提供有力支持。内部审计需在风险评估中保持敏锐性和前瞻性，确保高校风险管理的持续有效性。

为了确保风险控制措施的全面实施，内部审计应鼓励各部门之间的协作，促进信息共享与沟通。高校内部各部门的职能和目标各异，单靠某一部门难以全面应对复杂的风险环境。通过建立跨部门的协作机制，内部审计能够推动信息的高效流动，确保风险控制措施能够覆盖整个高校，形成合力应对风险。在这一过程中，内部审计需扮演协调者的角色，化解各部门之间的沟通障碍，推动协作文化的形成，进而提升风险管理的整体效能。

制订详细的风险应对计划是内部审计在风险管理中的关键步骤之一。该计划应明确责任分工和实施步骤，以确保各项控制措施能够及时有效地落实到位。内部审计需根据高校的实际情况，制定切实可行的风险应对策略，并对实施过程进行监督和指导。通过明确的责任分工，内部审计能够确保每一项风险控制措施都有专人负责，从而提高风险管理的执行力和效率。详细的实施步骤则为各项措施的落地提供了具体指引，确保风险应对计划的高效执行。

（三）风险监测与报告

内部审计在高校风险管理中的参与是确保高校治理能力现代化的重要环节。在风险监测与报告方面，内部审计应定期监测高校各项业务的风险状况，以确保及时发现和应对潜在的风险变化。这一过程不仅有助于维护高校的整体安全和稳定，还为管理层提供了前瞻性的风险预警机制。通过持续的风险监测，内部审计能够识别出可能对高校运营产生重大影响的风险因素，从而为高校的战略决策提供有力支持。

为了提升风险监测的科学性和有效性，内部审计需要建立完善的风险监测指标体系。通过量化各项风险的监测数据，管理层可以实时掌握风险动态。这种量化分析不仅提高了风险管理的精准度，还为科学决策提供了坚实的数据基础。内部审计在这一过程中扮演着数据分析者和风险评估者的双重角色，确保高校在面对复杂多变的内外部环境时，能够从容应对。

制定风险监测报告的标准流程是内部审计工作的重要组成部分。准确性和及时性是风险报告的核心要求，只有确保报告内容的准确性，才能为管理层提供可靠的风险信息支撑。内部审计需要在报告中详细阐述风险监测的发现，并提出相应的风险应对措施。这种标准化的报告流程不仅提高了风险监测的透明度，也增强了管理层对风险管理的信心。

在风险监测过程中，加强与各部门的沟通和协作是内部审计提高信息共享效率的重要手段。通过建立有效的沟通机制，内部审计可以获取更全面、更准确的风险信息，确保风险监测信息的全面性和有效性。各部门之间的信息共享，有助于形成合力，共同应对高校面临的各种风险挑战。这种协作不仅优化了风险管理流程，还促进了高校治理能力的整体提升。

三、内部审计在高校内部控制中的监督职能

（一）内部控制制度评估

内部控制制度评估是高校治理中内部审计的重要职能。通过对内部控制制度的全面评估，内部审计能够识别制度设计中的潜在缺陷和不足，确保其在高校运营中发挥应有的作用。评估过程包括对制度的完整性、合理性以及合规性的检查，旨在为高校管理层提供可靠的决策依据。内部审计人员通过细致的分析和专业判断，帮助高校在复杂的管理环境中保持制度的有效性和稳定性，进而提高高校的治理能力和管理水平。

内部控制制度的设计合理性评估是内部审计的核心任务之一。合理的制度设计能够有效识别和应对潜在风险，为高校的可持续发展提供保障。在评估过程中，内部审计人员需要结合高校的具体情况，分析制度设计是否符合实际需求，以及在应对风险时是否具备足够的灵活性和前瞻性。合理的制度设计不仅能够提高高校的管理效率，还能在一定程度上减少由于制度不完善带来的管理

漏洞和风险。

内部控制制度的执行情况检查是确保制度有效落实的重要步骤。通过对各项控制措施的落实效果与合规性进行评估，内部审计能够及时发现执行过程中的问题，并提出改进建议。执行情况检查不仅关注制度的落实程度，还注重对执行效果的分析，以确保高校在实际操作中能够真正实现制度的预期目标。通过这种方式，内部审计为高校管理层提供了宝贵的反馈信息，帮助其不断优化管理流程和控制措施。

内部控制制度的适应性分析是确保制度能够随着高校环境和管理需求的变化进行调整的重要环节。高校作为一个动态发展的组织，其管理需求和外部环境会不断变化。因此，内部审计需要定期对制度的适应性进行评估，确保其能够及时调整以应对新的挑战和需求。适应性分析不仅有助于提高制度的灵活性，还能增强高校的整体应变能力，为其在激烈的竞争环境中保持竞争优势提供支持。

内部控制制度的透明度评估是确保相关信息能够及时、准确地传达至各利益相关者的重要手段。透明的制度信息能够增强高校管理的公信力和透明度，有助于建立良好的管理文化和信任氛围。在评估过程中，内部审计需要关注信息传递的渠道和方式，确保利益相关者能够方便地获取所需信息，并对高校的管理决策形成有效监督和反馈。透明度评估不仅提高了高校的治理水平，也为其在社会中树立良好形象奠定基础。

（二）控制流程优化建议

在高校治理中，内部审计的监督职能尤为关键，尤其是在控制流程的优化方面。优化内部控制流程的标准化是提高治理效率的首要任务。通过标准化，各项控制措施在执行过程中可以保持一致性和可操作性，从而有效降低错误风险，提高整体效率。标准化不仅是流程的统一，更是对高校内部治理能力的系统提升。通过细化各环节的控制标准，确保每一项操作都在既定框架内进行，减少人为因素对流程的干扰，这也是高校治理现代化的重要体现。

为了确保控制流程的有效执行，加强对内部控制流程的培训与指导是必不可少的。通过系统的培训，员工能够更深入地理解控制措施的内涵和重要性，进而提高其执行能力。这不仅有助于增强整体控制效果，还能在一定程度上激发员工的责任感和主动性。培训与指导的持续性和系统性，决定了内部控制的实际效果。因此，高校需要建立完善的培训体系，确保所有相关人员都能获得及时、有效的指导。

引入信息技术手段是优化内部控制流程的一个重要策略。利用自动化工具和数据分析技术，可以大幅提高内部控制流程的实时监控能力和数据处理效率。信息技术的应用，不仅提高了流程的透明度和可追溯性，还使得异常情况能够被及时发现和处理。这种技术驱动的控制流程，不仅提高了高校治理的科技含量，也为未来的智能化管理奠定了基础。

建立内部控制流程的定期评估机制，是高校治理中保持流程动态适应性的重要手段。通过定期评估，能够及时识别和修正流程中的不足，以适应高校管理环境的变化。这种评估不仅是对现有流程的反思和检验，更是对未来流程优化的指导。高校应建立一套科学的评估体系，以确保流程的持续改进和优化。

（三）内部控制执行监督

内部控制执行监督是高校内部审计的一项关键职能，其核心目标是确保各项控制措施的有效实施，及时发现并纠正执行中的偏差，以维护高校的整体管理水平。内部审计通过系统化的监督机制，能够有效识别和分析高校内部控制体系中的潜在风险和薄弱环节，从而为管理层提供有力的决策支持。通过这一过程，内部审计在保障高校内部治理的规范性和有效性方面发挥着不可或缺的作用。

内部审计应定期对各部门的控制执行情况进行检查，确保各项控制措施得到有效落实，并提供反馈以促进改进。这一过程不仅涉及对现有控制措施的评估，还包括对新实施措施的适应性和有效性的检验。通过持续的监督与评估，内部审计能够帮助高校及时调整和优化内部控制策略，以应对外部环境的变化和内部管理的需求。这种动态的监督机制有助于提高高校的管理效率和资源配置的合理性。

通过建立内部控制执行的监测指标，内部审计能够量化控制措施的执行效果，帮助管理层及时掌握执行状态。这些监测指标不仅提供了一个客观的评估基准，还为管理层提供了一个直观的分析工具，以识别控制执行中的偏差和不足。通过数据驱动的监督方法，内部审计能够在提升高校治理能力的同时，促进管理层对内部控制措施的重视和改进，从而实现高校治理水平的整体提升。

内部审计需要与各部门密切合作，促进信息共享，确保控制执行监督的全面性与有效性，提升整体治理能力。这一合作不仅有助于消除信息孤岛，还能增强各部门对内部审计工作的理解和支持。通过建立良好的沟通渠道，内部审计能够更准确地获取各部门的控制执行信息，并在此基础上提出切实可行的改进建议。这种合作机制有助于形成一个以信息共享为基础的内部控制监督网络，提升高校治理的整体效能。

第三节　内部审计促进高校治理能力提升的机制

一、内部审计在风险管理中的应用

（一）风险识别与评估

内部审计在高校治理中扮演着重要角色，其在风险管理中的应用尤为关键。风险识别与评估是内部审计的核心任务。通过建立系统化的风险识别流程，内部审计能够确保高校全面识别潜在的财务、运营和合规性风险。这一过程不仅依赖审计人员的专业判断，还需要结合高校的具体情况和行业特点。内部审计人员通过深入了解高校的运营环境和战略目标，制定出适合学校的风险识别框架，从而为高校的长远发展提供保障。

在风险识别的基础上，内部审计运用定量和定性分析工具评估识别出的风险。这些工具包括风险矩阵、情景分析和敏感性分析等，帮助高校管理层确定高风险领域的优先处理顺序。这种评估过程不仅关注风险发生的可能性，还考虑其潜在影响的严重程度。通过精确的风险评估，内部审计能够为高校管理层提供清晰的风险地图，支持其在资源分配和战略决策中作出明智选择。

内部审计在风险管理中强调与各部门的协作，通过收集和分析相关数据，确保风险识别的全面性和准确性。高校各部门在日常运营中积累了大量的数据和信息，内部审计通过与这些部门的紧密合作，能够获取第一手的风险信息。这种协作不仅提高了风险识别的效率，还增强了高校整体的风险应对能力。通过定期的数据分析和信息共享，内部审计帮助高校建立起一个动态的风险管理体系。

面对外部环境的变化和行业动态，内部审计需要及时调整风险评估标准，以确保高校对新兴风险保持敏感性。随着高校所处的外部环境不断变化，新兴风险层出不穷，内部审计通过持续的环境扫描和行业研究，及时更新风险评估标准。这种前瞻性的风险管理策略，帮助高校在快速变化的环境中保持竞争力，并有效应对各种不确定性。

（二）风险控制措施

在高校治理中，风险控制措施的制定与实施是内部审计的重要职能。内部审计应当制定详细的风险控制措施框架，明确各项措施的目标、责任人和实施步骤。这种框架的建立有助于确保风险管理的系统性和有效性，使高校能够在快速变化的环境中保持稳健的运营。通过明确的责任划分和执行步骤，内部审计可以有效地推动风险控制措施的落实，保障高校治理结构的稳定性和持续性。

内部审计需要定期评估现有的风险控制措施，以适应高校环境变化和内部管理需求。高校作为知识密集型组织，其运营环境和内部需求常常处于动态变化之中。为了确保风险控制措施的持续有效性，内部审计需不断对措施进行评估和调整。这种动态调整不仅能够提高风险管理的灵活性，还能够确保措施与高校的实际运营需求相符，进而提高治理能力的现代化水平。

内部审计应促进各部门之间的协作与信息共享，以确保风险控制措施的全面实施。高校内部各部门的职能和目标各异，信息孤岛现象时有发生。通过内部审计的协调作用，各部门可以实现信息的有效共享，形成合力应对潜在风险。这种协作机制不仅能够提高风险控制的全面性和有效性，还能够增强高校整体的风险管理能力，助力于治理能力的提升。

为了增强全员的风险管理意识，内部审计需通过培训和知识分享，提升管理层和员工对风险控制措施的理解与执行能力。高校内部审计不仅要关注风险控制措施的制定和评估，还需重视对管理层和员工的风险管理教育。通过定期的培训和知识分享活动，内部审计可以帮助高校员工更好地理解和执行风险控制措施，增强全员的风险管理意识，形成良好的风险管理文化。

（三）风险监测与报告

内部审计在高校治理中扮演着至关重要的角色，尤其是在风险管理方面。风险监测与报告是内部审计的一项核心职能，通过建立全面的风险监测指标体系，内部审计可以量化各项业务的风险状况。这种量化不仅有助于管理层实时掌握风险动态，还为高校的风险管理提供了坚实的数据支持。全面的风险监测指标体系需要涵盖高校各个业务领域，确保没有风险盲区。同时，内部审计应持续更新和完善这些指标，以适应高校不断变化的风险环境。

定期编制风险监测报告是内部审计促进高校治理能力提升的重要机制之一。通过系统性地总结风险监测结果，内部审计能够为管理层提供决策支持，从而提高风险管理的透明度。这些报告不仅包括当前的风险状况，还应分析风险的变化趋势和潜在影响，帮助管理层制定更为精准的风险应对策略。此外，风险监测报告的编制还需考虑高校的具体需求和环境，确保其内容的实用性和针对性。

内部审计的有效性在很大程度上依赖与各部门的协作。风险监测信息的共享与沟通是提高整体风险管理有效性和响应速度的关键。内部审计应建立跨部门的风险信息共享平台，确保各部门能够及时获取和反馈风险信息。这种协作机制不仅有助于提高风险管理的整体效率，还能促进高校内部的沟通与合作，形成合力应对风险的良好氛围。

通过对风险监测数据的深入分析，内部审计能够识别潜在的风险趋势和模式，为高校的风险预警机制提供支持。这种分析需要结合高校的实际情况，利用先进的数据分析技术，揭示隐藏在数据背后的风险信号。识别出这些信号后，内部审计可以帮助高校提前采取预防措施，降低风险发生的可能性和影响程度，从而提升高校的整体风险防控能力。

二、内部审计对内部控制体系的优化

（一）控制环境评估

控制环境评估在高校内部审计中具有重要地位。这一过程不仅涉及对高校组织文化的深入理解，还包括对管理层态度与行为的全面分析。组织文化作为控制环境的基石，影响着员工的合规意识和整体控制氛围。因此，审计人员需要评估组织文化是否健康积极，以确保其能够支持有效的内部控制体系。管理层的态度与行为同样至关重要，因为它们直接影响员工的行为和合规性。通过对管理层的态度评估，审计人员可以判断其是否支持并推动良好的控制环境。

在评估高校内部控制制度的设计合理性时，审计人员需要关注其能否有效识别和应对潜在的财务与运营风险。这一过程不仅要求对现有制度的全面分析，还需结合高校的具体环境和发展目标进行动态调整。合理的内部控制制度设计应具备前瞻性，能够在识别风险的同时，提供有效的应对措施，从而提升高校的治理能力。通过这种评估，审计人员可以确保高校在面临复杂多变的外部环境时，仍能保持稳健的运营和管理。

分析内部控制执行情况是确保控制措施在实际操作中得到有效落实的关键步骤。审计人员需要检查各项控制措施在执行过程中的效果，确保其与高校的治理目标保持一致。这不仅要求对控制措施的有效性进行评估，还需关注其在不同部门和层级中的执行情况。通过这种全面的分析，审计人员能够发现执行过程中的不足，并提出改进建议，以确保高校的内部控制体系能够支持其长期的战略目标。

控制环境的适应性评估是确保控制措施能够根据高校的变化与发展进行动态调整的重要环节。高校作为知识创新的前沿机构，其内部环境和外部挑战都在不断变化。因此，审计人员需要确保控制措施具备足够的灵活性，以适应这些变化。这一过程不仅涉及对现有控制措施的评估，还需结合高校的发展战略和外部环境的变化趋势进行动态调整。通过这种适应性评估，审计人员可以帮助高校在面对新兴挑战时，保持治理能力的持续提升。

（二）控制活动改进

控制活动的改进在高校治理中扮演着至关重要的角色。优化控制活动的流程设计是实现高效治理的关键步骤。通过精心设计的流程，各项控制措施能够无缝衔接，减少不必要的冗余步骤，从而提高执行效率。这种流程的优化不仅能够节省时间和资源，还能确保控制活动在高校治理中发挥最大效用。在流程设计中，必须考虑高校的特殊需求和环境，以确保设计的控制活动能够切实可行，并符合高校的实际运作情况。

引入信息技术手段是现代高校治理中不可或缺的环节。利用自动化工具提升控制活动的实时监控能力，能够确保在执行过程中及时发现和纠正偏差。这种技术手段的应用，不仅提高了控制活动的准确性和效率，还增强了治理的透明度和可追溯性。通过信息技术的支持，内部审计可以更好地掌握控制活动的动态变化，从而为高校的管理层提供及时、准确的决策支持。

建立定期评估机制是确保控制活动有效性的关键。通过系统性审查，能够及时识别和修正控制活动中存在的不足，确保其能够适应高校的变化与发展需求。这种评估机制不仅是对现有控制活动的监督，也是对未来潜在风险的预警。通过持续的评估和改进，控制活动能够在动态的环境中保持其有效性和相关性，从而为高校的长远发展提供坚实的保障。

加强对控制活动相关人员的培训，是确保控制措施有效落实的重要保证。提升员工的执行能力和合规意识，不仅能提高控制活动的执行质量，还能增强员工对内部审计的理解和支持。通过系统的培训，员工能够更好地理解控制活动的目的和意义，从而在实际操作中更加自觉地遵循既定的控制措施，确保高校治理的各项政策和制度能够有效执行。

（三）信息与沟通优化

在高校治理中，信息与沟通的优化是提升内部审计效能的重要环节。建立高效的信息共享平台是关键，通过此平台，内部审计信息能够及时、准确地传递给各相关部门。这不仅有助于增强沟通的透明度，也为各部门提供了一个了解审计动态的窗口。信息共享平台的建设需要结合现代技术手段，确保信息的安全性和可访问性，避免信息孤岛现象。信息的有效传递对于高校内部控制体系的优化具有重要意义，能够帮助管理作做出更为科学、合理的决策。

制定明确的沟通流程与责任分工是确保内部审计团队与管理层之间反馈机制畅通无阻的基础。通过清晰的流程设计，各级人员能够明确自己的角色与职责，避免信息传递过程中的责任推诿现象。责任分工明确后，信息的双向流动将更加顺畅，管理层可以及时获得审计团队的专业意见，同时，审计团队也能迅速了解管理层的需求与反馈。这种良好的沟通机制不仅提高了审计工作的效率，也增强了管理层对审计工作的信任与支持。

定期举办内部审计与管理层的沟通会议是促进信息交流的重要方式。在这些会议中，审计团队可以分享审计发现与建议，管理层则可以表达对审计工作的理解与期望。这种面对面的交流有助于各部门对审计工作的全面理解与支持，减少误解与摩擦。通过沟通会议，管理层能够更好地理解审计报告的背景与细节，从而在决策过程中更有效地利用审计成果，推动高校治理能力的提升。

现代信息技术的应用，如数据可视化工具，为提升审计报告的可读性和易理解性提供了新的可能。通过数据可视化，复杂的审计结果可以以直观的方式呈现，帮助管理层快速掌握关键信息。这种技术手段不仅提高了报告的吸引力，也增强了管理层对审计建议的接受度。数据可视化的应用需要结合高校的具体需求，确保其在提升报告可读性方面发挥最大效用。

三、内部审计在资源配置中的支持作用

（一）资源使用效率分析

在高校治理中，内部审计作为一种重要的管理工具，通过对资源使用效率的分析，发挥着不可或缺的支持作用。资源使用效率分析是内部审计的核心任务之一，它不仅涉及对资源的简单评估，还包括对资源浪费的识别与量化。通过系统的数据分析工具，内部审计能够精确地评估高校各项资源的使用效率，识别出资源浪费的具体情况。这种分析不仅为高校管理层提供了清晰的资源使用状况，还为资源优化提供了科学依据。

内部审计在资源配置中的支持作用体现在对各部门资源配置的比较分析中。通过这种分析，内部审计能够评估资源配置的合理性，识别出资源分配不均或不合理的现象，并提出优化建议。这种分析不仅有助于提高资源的利用率，还能确保资源配置的公平性与效率性。通过合理的资源配置，内部审计帮助高校实现资源的最佳利用，从而提高整体治理能力。

预算执行情况的监测是内部审计支持资源配置的重要方面。内部审计通过严格监测预算执行情况，确保资金使用符合预定目标，并及时识别和纠正偏差。这种监测不仅提高了预算管理水平，还增强了高校对资金使用的控制能力。通过这种方式，内部审计能够有效防止资金浪费和不当使用，确保有限资源的高效利用。

为了确保资源使用效率的持续改进，内部审计建立了资源使用效率的监测指标体系。通过定期跟踪和评估各项资源的使用情况，内部审计能够及时发现问题，并提出改进措施。这种监测不仅有助于资源使用效率的持续提升，还为高校治理能力的现代化提供了重要支持。通过这种系统化的监测与评估，内部审计确保了资源使用的动态优化。

（二）预算执行监督

预算执行监督在高校治理中扮演着至关重要的角色。内部审计应定期对预算执行情况进行全面审查，以确保各项资金的使用符合预算规定，降低财务风险。通过这种系统性审查，内部审计能够及时发现和纠正预算执行中的偏差，从而有效防止资源浪费和不当使用。此外，定期的审计监督不仅有助于提高财

务管理的透明度，还能增强高校管理层的责任意识和问责制。通过这种方式，内部审计为高校治理能力的现代化提供了坚实的保障。

通过对预算执行偏差的分析，内部审计能够识别造成偏差的原因，并为高校管理层提供改进建议，以提升预算管理的有效性。偏差分析不仅是发现问题，更是为解决问题提供科学依据。内部审计通过深入分析预算执行的各个环节，找出可能导致偏差的制度性、操作性问题，并提出切实可行的改进建议。这种分析不仅有助于提高预算执行的准确性，还能为高校的长期财务规划提供数据支持，促进资源的合理配置和使用效率的提升。

内部审计在评估各部门预算执行的合规性时，确保资金使用符合相关政策法规，从而促进财务透明度和问责制。合规性评估不仅是对财务数据的核查，也是对高校整体治理结构的审视。通过严格的合规性审查，内部审计能够确保各项资金使用符合国家和地方的政策法规，避免违规操作带来的法律和财务风险。这种审查机制不仅提高了财务透明度，也增强了高校管理层的责任感和问责意识，为高校的可持续发展奠定了基础。

建立预算执行监测指标体系，内部审计能够定期跟踪资金使用情况，确保资源配置的合理性和有效性。监测指标体系的建立是预算执行监督的重要组成部分，通过一系列科学、客观的指标，内部审计可以实时跟踪和评估各项资金的使用情况。这种监测不仅有助于及时发现资源配置中的不合理之处，还能为管理层提供决策支持，确保资金的高效使用和资源的最优配置。这种体系化的监测机制为高校治理能力的提升提供了重要支持。

（三）资源分配合理性评估

资源分配合理性评估在高校治理中具有重要意义。通过科学的评估方法，内部审计能够确保高校资源分配的合理性与有效性。这一过程不仅涉及对资源配置现状的分析，还包括对资源使用效率的持续监控。资源分配合理性评估的核心在于通过系统化的审计流程，验证各项资源的配置是否符合高校的战略目标和实际需求。这一评估过程需要结合高校的长远发展规划，确保资源能够最大限度地支持高校的教学、科研和管理活动。

资源配置合理性评估的标准与指标体系是保证资源分配符合高校战略目标的关键。内部审计通过建立科学的评估标准和指标体系，确保资源分配的每一个环节都经过严格的审查。评估标准通常包括资源的投入产出比、资源使用的效率和效果等方面，指标体系则根据高校的具体需求进行细化。通过这些标准和指标，内部审计能够系统地评估资源配置的合理性，确保各项资源的分配能够有效支持高校的整体发展目标。

评估资源配置对高校各部门绩效的支持程度是资源分配合理性评估的重要内容。内部审计通过分析资源分配对教学、科研和管理等方面的影响，评估其对高校各部门绩效的支持程度。这一评估过程涉及对资源使用效果的全面分析，确保资源分配能够促进高校各项职能的有效发挥。通过对各部门资源使用情况的深入分析，内部审计能够识别出资源配置中存在的问题，并为资源分配的优化提供依据。

识别和纠正资源配置中的不合理现象是内部审计的重要职责。在资源分配合理性评估中，内部审计需要及时发现资源浪费和不当使用的情况，并提出相应的改进建议。通过对资源配置过程的全面监督，内部审计能够有效识别资源使用中的不合理现象，确保资源的使用效率得到提升。针对发现的问题，内部审计需要及时提出纠正措施，确保资源配置的科学性和合理性。

分析资源配置的反馈机制是资源分配合理性评估的重要环节。内部审计需要确保各部门能够及时反馈资源使用情况，为后续的资源配置调整提供依据。通过建立健全反馈机制，内部审计能够及时获取资源使用中的问题和需求，确保资源配置的动态调整。反馈机制不仅有助于资源配置的优化，还能够提高高校资源管理的科学化和制度化水平，为高校的长远发展提供有力支持。

第二章　新时代内部审计助推高校治理能力现代化的路径

第一节　拓展内部审计业务范围与方法

一、内部审计在风险管理中的应用

（一）风险识别与评估

风险识别与评估是高校内部审计在风险管理中发挥重要作用的起点。高校作为一个复杂的组织体系，面临着多种风险因素，包括财务、合规、运营等方面。内部审计人员需要具备高水平的专业素养与独立性，以确保风险识别的全面性和准确性。在这一过程中，审计人员不仅要熟练掌握风险识别的方法与工具，如风险矩阵和SWOT（态势分析法）分析，还要能够根据高校的具体环境灵活应用这些工具。这些方法有助于系统地识别和评估高校面临的各种风险，为管理层提供决策支持。

在高校风险管理中，内部审计的角色定位至关重要。审计人员不仅是风险的评估者，也是风险管理策略的建议者。他们通过深入分析高校的运营和管理流程，识别潜在的合规风险与财务风险，并提出切实可行的控制措施。审计人员的独立性使他们能够客观地评估风险，避免利益冲突，确保评估结果的公正性和可信度。此外，随着数据分析技术的快速发展，内部审计可以通过大数据分析提高风险评估的准确性与效率。数据分析工具的应用能够帮助审计人员更快速地识别风险趋势和异常情况，从而提高风险管理的前瞻性。

高校内部审计在风险识别过程中，尤其注重建立风险评估的动态监控机制。这一机制的建立能够帮助高校及时应对快速变化的风险因素，保持风险管理的持续性和有效性。动态监控机制要求审计人员不断更新风险信息，调整风险评估策略，以适应高校环境的变化。这不仅提高了风险管理的灵活性，也增强了高校应对不确定性事件的能力。

（二）风险控制与监测

在高校治理过程中，风险控制与监测是确保高校健康发展的关键环节。内部审计在高校风险控制中扮演着重要角色，其策略制定需要全面考虑风险应对措施的设计与实施流程。通过科学的风险识别和评估，内部审计能够为高校制定有效的风险应对策略，确保各项措施的实施能够及时应对各种潜在风险。在策略实施过程中，内部审计不仅要关注短期风险的控制，还需着眼于长期风险管理的可持续性，确保高校治理的稳健性和持续性。

为了提高风险监测的效率，建立内部审计与各部门之间的协作机制至关重要。这种协作机制不仅促进了信息的共享，还提高了风险监测的高效性。通过这种机制，各部门能够及时向内部审计提供风险相关信息，而内部审计则可以根据这些信息进行深入分析和评估，从而为高校提供更为精准的风险控制建议。信息共享机制的建立，进一步增强了高校整体风险管理能力，提升了内部审计在风险控制中的战略地位。

随着信息技术的飞速发展，运用信息技术手段进行实时监测已成为提升风险控制准确性的重要途径。内部审计通过信息技术的应用，可以实现对高校风险的实时监控和动态分析。这种技术手段不仅提高了风险识别的准确性，还缩短了风险响应的时间，使得高校能够在风险发生的初期就采取有效的应对措施。信息技术的应用，极大地提升了内部审计在风险控制中的效能，为高校的治理提供了有力的技术支持。

定期开展风险控制效果评估，是确保审计措施有效性与适应性的必要步骤。通过系统的效果评估，内部审计可以及时发现风险控制措施中的不足，并进行相应的调整和优化。这种评估不仅能检验风险控制策略的实施效果，还能为未来的风险管理提供宝贵的经验和数据支持。通过不断地评估和改进，内部审计能够保持其在高校风险管理中的前瞻性和适应性。

（三）风险应对策略

在新时代的高校治理中，风险应对策略的制定至关重要。风险应对策略需要根据不同风险类型，制定明确的处理方案和责任人，以确保每项风险都能得到有效管理。这样的策略不仅需要在理论上完备，更需要在实践中具备可操作性，确保在风险事件发生时，能够迅速启动相应的应对措施，从而有效降低可能带来的损失。高校需要通过内部审计的视角，识别潜在的风险点，并为每一类风险制订针对性的应对方案，确保风险管理的全面性和针对性。

建立风险应对的快速反应机制是高校内部审计的重要任务之一。这样的机制要求高校在风险事件发生时，能够迅速启动应对措施，最大限度地降低风险带来的负面影响。这需要高校内部审计部门与风险管理部门之间的紧密协作，通过信息共享和联合演练，确保在危急时刻能够快速反应。高校应定期进行应急演练，以测试和完善其快速反应机制，确保其在实际风险事件中能够有效运作，从而保障高校的正常运转和可持续发展。

风险应对策略的有效性需要通过定期的评估与修订来保证。高校应根据实际情况的变化和外部环境的动态调整，定期对风险应对策略进行评估和修订。内部审计在此过程中扮演着关键角色，通过审计结果对策略的有效性进行反馈，从而不断优化风险应对策略。这种动态调整机制不仅提升了高校风险管理的灵活性，也确保了策略的前瞻性和适应性，使高校能够在复杂多变的环境中保持稳健发展。

在风险应对过程中，加强对风险应对效果的跟踪与反馈是提高管理效率的重要环节。高校应利用内部审计的结果，持续跟踪风险应对措施的实施效果，并根据反馈不断优化策略。这不仅有助于提升风险管理的整体效率，也为高校在未来的风险管理中提供了宝贵的经验和数据支持。通过这样的闭环管理，内部审计可以有效地推动高校治理能力的现代化，确保风险管理的科学性和系统性。

二、内部审计在合规审查中的角色

（一）法规遵循检查

内部审计在高校治理中扮演着至关重要的角色，尤其是在法规遵循检查方面。法规遵循检查的核心在于确保高校的各项活动严格符合国家法律法规及政策要求，这不仅是高校健康发展的基石，也是高校在新时代背景下实现治理现代化的关键环节。内部审计通过独立、客观的审查，为高校提供了一个有效的合规保障机制。通过法规遵循检查，内部审计可以及时发现潜在的合规风险，提出改进建议，从而帮助高校在复杂的法律环境中保持合法合规的运作。

为了提升法规遵循检查的有效性，建立标准化的流程是必不可少的。一个完整的法规遵循检查流程应包括审计计划、实施、报告及后续跟踪等环节的规范化。首先，审计计划阶段需要明确检查的范围和目标，制订详细的工作计划。其次，实施阶段则要求审计人员根据计划进行深入的合规检查，收集和分析相关证据。再次，审计报告阶段需要对检查结果进行总结，提出具体的改进建议。最后，后续跟踪环节确保建议得到有效落实，形成一个闭环的合规管理体系。

信息技术的应用为法规遵循检查带来了新的机遇。利用自动化审计工具和数据分析软件，可以显著提高法规遵循检查的效率与准确性。自动化工具能够快速处理大量数据，识别潜在的合规问题，而数据分析软件则可以提供深入的洞察，帮助审计人员作出更为准确的判断。这些信息技术手段的应用，不仅提高了审计工作的效率，还增强了审计结果的可靠性，为高校的合规管理提供了强有力的技术支持。

为了确保法规遵循检查的有效性，定期开展法规遵循培训是必不可少的。通过培训，审计人员及相关部门可以更好地理解和掌握法律法规的要求，提高其遵循意识。这不仅有助于提高审计人员的专业水平，也能增强相关部门的合规意识，形成全员参与、共同负责的合规文化。同时，培训还可以为高校培养一批高素质的合规管理人才，为高校的长远发展奠定坚实的基础。

（二）内部政策评估

高校内部政策评估是内部审计的一项重要职能，旨在确保高校政策的有效性与适用性。内部审计在这一过程中发挥着关键作用，通过系统化的评估流程，帮助高校识别政策中的潜在问题并提出改进建议。内部政策评估不仅涉及政策制定的初始阶段，还贯穿政策实施、反馈和修订的整个周期。通过科学的评估方法，内部审计能够为高校政策的优化提供坚实的基础，助力高校治理能力的现代化。

为了建立有效的内部政策评估流程，高校需要制定系统化的评估框架。首先，应明确政策制定的目标和标准，以便在实施过程中有据可循。其次，内部审计需对政策执行的各个环节进行细致的监控和反馈，确保政策的实施符合预期目标。在此基础上，建立反馈机制，及时收集和分析政策执行过程中的问题和成效，为政策的修订提供数据支持。这样，内部审计不仅能提高政策的执行效率，还能促进政策的持续改进。

数据分析技术在内部政策评估中扮演着不可或缺的角色。通过量化评估，内部审计可以对政策实施效果进行科学的分析，为政策优化提供数据支持。运用先进的数据分析工具，审计人员能够识别政策执行中的问题所在，并提出具体的改进建议。此外，数据分析还能帮助内部审计预测政策实施可能带来的风险，为高校管理层提供前瞻性的决策支持。这种以数据为基础的评估方式，极大地提升了政策评估的科学性和准确性。

在政策评估过程中，风险监测是一个重要环节。内部审计需要加强对政策执行过程中的风险监测，确保政策在实际操作中不产生负面影响。通过建立风险预警机制，审计人员能够及时发现政策执行中的风险因素，并采取相应的应对措施。这不仅有助于减少政策实施的风险，还能提高政策执行的安全性和稳定性。通过有效的风险监测，内部审计能够为高校政策的顺利实施保驾护航。

（三）合规风险识别

合规风险识别是高校治理中至关重要的一环。合规风险的定义包括可能影响高校遵守法律法规、政策和标准的潜在威胁，这些风险如果不加以识别和管理，可能会对高校的声誉、财务和运营造成不利影响。因此，合规风险识别的重要性在于其能够帮助高校预见和规避可能的法律和合规问题，确保高校在合法合规的框架内运作。这不仅是对高校内部控制的一种保障，也为其可持续发展奠定了基础。

内部审计在合规风险识别中发挥着关键作用。通过一系列的方法，内部审计能够系统地识别和评估合规风险。具体的方法如使用风险评估问卷，这是一种结构化的方法，用于收集和分析与合规相关的信息。此外，审计人员还可以通过访谈和现场观察的方式，深入了解高校的运作流程和合规实践。这些方法能够帮助审计人员从多个角度识别潜在的合规风险，并为高校提供有针对性的改进建议。

构建合规风险识别框架是实现全面风险管理的基础。该框架应包括对各类合规风险的分类及特征描述，以便高校能够进行系统化和全面的风险评估。通过明确风险的类型和特征，高校可以更有效地分配资源，制定相应的管理策略，从而提高整体的治理能力。这一框架不仅帮助高校识别现有风险，还能为其未来的风险管理提供指导。

数据分析技术在合规风险识别中具有重要应用价值。通过对历史数据的挖掘与趋势分析，审计人员可以识别出潜在的合规风险。这种方法不仅提高了合规风险识别的准确性，也为高校提供了数据驱动的决策支持。数据分析技术的应用，使得合规风险识别从传统的静态评估转向动态监测，提升了风险管理的前瞻性和灵活性。

三、内部审计在绩效评估中的贡献

（一）绩效指标分析

绩效指标分析在高校治理中扮演着关键角色。通过科学地设定绩效指标，可以确保这些指标不仅具备科学性，还具有可量化性与可操作性，以适应高校的实际需求。科学的指标设定原则强调指标的明确性和可衡量性，避免模糊不清或过于复杂的指标，确保能够真正反映高校的绩效状况。为了实现这一目标，内部审计部门需要深入了解高校的运作模式和发展目标，制定与之相适应的绩效指标体系。

内部审计在绩效指标分析中发挥着重要作用，其核心在于对指标达成情况进行独立评估与反馈。这种独立性确保了管理层在决策时能够获得客观、准确的信息，避免因信息偏差导致的决策失误。通过对绩效指标的独立评估，内部审计能够识别出管理过程中的潜在问题，并提出改进建议，从而提高高校的整体治理水平。这一过程不仅提高了管理层的决策质量，也增强了高校的透明度和问责性。

绩效指标的分类方法是建立全面绩效评估体系的基础。根据不同的评估维度，如财务、教学、科研等，内部审计可以帮助高校建立多层次的绩效评估框架。这种分类方法不仅使得绩效评估更加全面，也确保了各个领域的指标能够相互补充，从而提供对高校整体绩效的综合评价。通过这种方式，高校可以更好地识别各个领域的优势与不足，并有针对性地进行改进。

数据分析技术在绩效指标分析中的应用日益重要。通过大数据与数据挖掘技术，内部审计能够提升绩效评估的准确性与时效性。这些技术手段可以帮助审计人员快速处理大量数据，从中提取出有价值的信息，支持管理层作出更加精准的决策。同时，数据分析技术的应用也使得绩效评估过程变得更加高效，减少了人为干预的可能性，提高了评估结果的可靠性。

（二）资源利用效率

资源利用效率在高校治理中具有重要意义，直接关系高校的整体运营绩效与可持续发展。内部审计作为高校治理中的关键环节，能够通过科学的评估方法，促进资源的合理配置与高效利用。内部审计在资源利用效率评估中，通常采用成本效益分析与资源配置优化模型。这些方法和工具不仅有助于识别资源使用中的瓶颈，还能为管理层提供决策支持，确保资源的最大化利用。

在资源利用效率的评估过程中，数据分析技术的应用显得尤为重要。通过对资源使用情况的持续监测，内部审计能够及时识别资源浪费与不当使用的具体表现。这种基于数据的洞察力，使得内部审计可以为高校管理层提供精准的改进建议，帮助其在资源管理上作出更加明智的决策。这不仅提高了资源利用效率，还为高校的长远发展奠定了坚实的基础。

为了确保管理层能够及时掌握资源使用的现状与问题，建立资源利用效率评估的定期报告机制是必要的。内部审计通过定期报告机制，能够系统化地向管理层反馈资源利用的情况。这种机制不仅增强了审计的透明度与可信度，也为管理层提供了一个有效的监督与改进平台，确保资源的使用始终符合高校的战略目标与发展方向。

推动内部审计与各职能部门协作，是提高资源利用效率的重要举措。通过协作，各部门能够形成资源利用效率提高的合力与共识，进一步优化高校的资源管理。内部审计在这一过程中扮演着协调者的角色，促进各部门在资源管理上的沟通与合作。这种跨部门的协作，不仅提高了资源利用效率，也增强了高校整体的治理能力。

（三）目标达成评估

在高校治理能力现代化的进程中，目标达成评估起着至关重要的作用。目标达成评估不仅是衡量高校战略目标实现程度的工具，也是推动高校治理结构优化的关键环节。通过系统化设计评估目标、方法、指标和责任分配等要素，内部审计能够为高校提供一个全面的评估框架。这一框架不仅明确了各项评估的具体目标，还确保了评估过程的透明性与责任的明确性，有助于高校在战略实施过程中保持方向的正确性和行动的有效性。

内部审计在目标达成评估中的数据收集与分析方法是确保评估结果客观性与准确性的基础。通过运用先进的数据分析技术，内部审计能够从海量的高校运营数据中提取出关键的绩效指标。这些指标不仅反映了高校在特定时间段内的运营状况，也揭示了战略实施过程中可能存在的隐患与不足。内部审计通过对这些数据的深入分析，不仅为高校管理层提供了决策依据，也为后续的战略调整提供了方向。

建立目标达成评估的反馈机制是确保评估结果能够有效促进决策优化的重要步骤。通过及时将评估结果反馈给管理层，内部审计能够帮助高校管理者及时发现战略实施过程中的问题，并采取相应的调整措施。反馈机制的建立不仅提高了评估结果的利用效率，也促进了管理层与审计部门之间的沟通与协作，为高校治理能力的提升奠定了基础。

定期开展目标达成评估的培训是提高审计人员评估能力与管理层参与意识的重要手段。通过培训，审计人员能够掌握最新的评估技术与方法，提高其在评估过程中的专业能力。同时，培训也增强了管理层对目标达成评估重要性的认识，提高了其在评估过程中的参与度与支持力度。这种双向的能力提升与意识增强，不仅有助于评估过程的顺利进行，也为高校治理能力的现代化提供了强有力的支持。

四、内部审计在财务监督中的创新

（一）财务流程优化

财务流程优化是高校治理能力现代化的重要环节。建立财务流程标准化体系，确保各项财务活动遵循统一的操作规范与流程，是提高工作效率与透明度的关键。在高校内部审计中，通过制定详细的流程标准和规范，可以有效减少人为操作的随意性，提升财务活动的可控性和透明度。标准化的财务流程不仅有助于提高工作效率，还能为高校的财务管理提供可靠的数据支持，确保高校财务活动的合规性和透明性。

运用信息技术手段优化财务流程，采用自动化财务系统减少人工干预，是提升数据处理准确性与实时性的有效途径。现代信息技术的发展为高校财务管理带来了新的契机，通过引入自动化系统，可以显著减少人工操作的错误，提高财务数据处理的准确性。此外，自动化系统能够实现数据的实时更新和处理，为高校的决策提供及时可靠的信息支持，帮助财务管理部门更好地进行资源配置和风险控制。

定期开展财务流程审计，识别流程中的瓶颈与不合理环节，提出改进建议，以提高整体财务管理水平，是内部审计的重要职能之一。通过系统的审计活动，可以全面了解财务流程的运行状况，发现其中的不足。针对审计中发现的问题，内部审计部门可以提出切实可行的改进建议，帮助高校优化财务流程，提高整体管理水平。这一过程不仅能够提高财务管理的效率，还能增强高校的治理能力。

加强财务数据的实时监控，利用数据分析工具及时发现异常情况，确保财务活动的合规性与安全性，是财务流程优化的核心目标之一。通过实时监控系统，财务部门可以在第一时间发现异常数据和潜在风险，及时采取措施进行调整和干预。数据分析工具的应用，不仅提高了异常情况的识别能力，还为财务活动的合规性提供了有力保障，确保高校的财务管理在安全、合规的轨道上运行。

推动跨部门协作，建立财务流程与其他职能部门的联动机制，确保信息共享与资源的高效配置，是实现财务流程优化的关键步骤。在高校治理中，各部门之间的信息共享和协作至关重要。通过建立联动机制，可以实现财务流程与其他职能部门的无缝衔接，提高资源配置的效率。

（二）预算执行监控

预算执行监控在高校治理中扮演着关键角色。建立预算执行监控体系，是确保预算编制与执行过程的透明性和合规性的基础。通过这一体系，管理层能够及时发现和纠正偏差，从而有效防范财务风险。高校作为资源密集型单位，预算执行的透明化不仅有助于提升内部管理的公信力，也为外部审计提供了可靠依据。在这一过程中，审计人员需要深入了解预算的编制原理及执行流程，确保每一环节的合规性和透明性。

信息技术的应用为预算执行监控提供了新的可能。通过实时跟踪预算执行情况，审计人员可以运用数据分析工具生成动态报告，这不仅提升了监控的及时性与准确性，还为管理层提供了直观的数据支持。这些工具通过高度自动化的分析功能，能够快速识别异常数据和潜在问题，从而为管理者提供及时的预警和改进建议。高校应积极引入先进的信息技术手段，以适应快速变化的财务环境，提高预算执行监控的效率。

定期开展预算执行情况的审计是确保预算使用合理性与有效性的关键步骤。通过审计，管理层可以获得关于预算执行情况的全面评估，从而为决策提供可靠依据。定期审计不仅能发现预算执行中的问题，还能为管理层提供改进建议，促进预算管理的持续优化。高校应建立完善的审计制度，确保审计工作的规范性和科学性，以提高预算执行的质量和效率。

预算执行反馈机制的建立，可以确保各部门在预算执行中能够及时反馈问题与建议。这一机制有助于形成良好的沟通渠道，促进各部门之间的协作与理解。通过反馈机制，管理层可以及时了解预算执行中的实际问题，并根据反馈信息进行调整和优化。这种动态的反馈机制能够有效促进预算执行的持续优化，提高高校的财务管理水平。

推动跨部门协作，形成预算执行监控的合力，是高校提高预算执行效率的重要手段。通过信息共享与资源整合，各部门可以在预算执行中形成合力，避免资源浪费和重复投入。跨部门的协作不仅能提高预算执行的效率，还能通过多部门的视角提供更全面的预算执行分析。高校应鼓励各部门之间的协作与沟通，建立良好的信息共享机制，以推动预算执行监控的有效实施。

（三）财务报告准确性

财务报告的准确性是高校治理中至关重要的环节。为了确保财务报告的合法性与合规性，必须建立严格的财务报告审核机制。此机制需确保财务报告的编制过程严格遵循相关会计准则与政策要求，从而提升报告的合法性与合规性。通过这种机制，高校能够在财务信息披露上实现更高的透明度和信任度，从而有效支撑治理能力的现代化。

在确保财务报告的准确性方面，应用数据分析技术显得尤为重要。通过使用先进的自动化工具，可以对财务数据进行全面的准确性检查。这些工具能够快速识别数据输入错误和异常波动，确保报告信息的真实可靠。自动化技术不仅提高了审计效率，还减少了人为错误的可能性，使得高校的财务监督体系更加稳健和高效。

定期进行财务报告的内部审计是维护报告准确性与完整性的关键措施。通过周期性的审计评估，能够及时发现并纠正潜在的错误与遗漏。这种常态化的审计机制不仅有助于提高财务报告的质量，还能为高校管理层提供及时、准确的财务信息支持，助力决策的科学化和合理化。

为了提高财务报告的质量与准确性，加强财务报告编制人员的培训至关重要。通过系统的培训，能够提升相关人员的专业素养与合规意识。这种能力建设不仅能确保财务报告的高质量输出，还能提高整个财务团队的工作效率和专业水平，为高校治理能力的现代化提供坚实的人才保障。

第二节　加强内部审计队伍建设与人才培养

一、内部审计人员的专业素养提升

（一）专业知识更新

内部审计人员在新时代背景下，必须不断更新其专业知识，以适应快速变化的审计环境。定期参加专业培训是提升审计人员专业素养的关键途径之一。这些培训能够帮助审计人员掌握最新的审计标准和法规，确保其知识体系与时俱进。通过培训，审计人员不仅能提升自身的专业能力，还能增强对复杂审计问题的解决能力。此外，鼓励内部审计人员获取相关专业认证，如注册内部审计师等，能够有效提升其专业认可度和职业素养。这些认证不仅是对审计人员专业水平的认可，也是其职业发展的重要推动力。

为了促进内部审计人员的持续成长，高校应建立知识共享平台。这些平台为审计人员提供了交流审计经验和学习最佳实践的机会。通过知识共享，审计人员可以相互借鉴，提高整体审计水平。引入先进的数据分析工具与技术也是提升审计人员能力的重要手段。现代审计工作越来越依赖数据分析，掌握这些工具和技术能够使审计人员在数据处理和分析方面更加高效，从而提高审计工作的质量和效率。数据分析能力的提升不仅有助于发现潜在问题，还能为高校治理提供有力支持。

定期评估内部审计人员的专业知识水平，是确保其持续发展的必要措施。通过评估，能够识别出审计人员在知识和能力上的不足，从而制订个性化的职业发展计划。这些计划应基于审计人员的个人需求和职业目标，帮助他们在职业道路上不断前进。个性化的发展计划不仅能激发审计人员的学习动力，还能提高其在工作中的表现，进而推动高校治理能力的现代化。

（二）职业道德建设

在新时代背景下，高校治理能力的现代化离不开内部审计的助推，而内部审计人员的职业道德建设是其中的重要环节。职业道德建设不仅是提升内部审计人员专业素养的基础，也是确保审计活动公正、透明的关键。为此，建立内部审计人员的职业道德规范显得尤为重要。这些规范明确了审计人员在工作中应遵循的道德标准与行为准则，为其在复杂的审计环境中提供了清晰的道德指引。通过明确的规范，审计人员能够在面对道德困境时作出正确的选择，从而维护审计工作的公信力。

为进一步提高内部审计人员的职业道德水平，定期开展职业道德培训是不可或缺的。这些培训旨在增强审计人员对职业道德重要性的认识，并提高其道德判断能力。通过系统的培训，审计人员能够更好地理解职业道德在审计工作中的核心地位，进而在实际工作中自觉践行道德准则。此外，培训还可以为审计人员提供一个交流与反思的平台，使其在相互学习中不断提高自身的道德水平。

建立内部审计人员的道德评估机制是职业道德建设的一项重要举措。通过定期考核和反馈，审计人员可以在自我反思中发现自身的道德短板，并在工作中加以改进。道德评估不仅是对审计人员道德水平的检验，也是促进其职业道德提升的重要手段。通过评估，审计人员能够明确自身在职业道德方面的不足，从而在今后的工作中不断完善自我，推动整个审计团队的道德水平提升。

鼓励内部审计人员参与行业道德建设活动，可以有效提升其社会责任感与职业认同感。通过参与这些活动，审计人员能够更深刻地理解职业道德的社会意义，从而增强团队凝聚力。这种参与不仅有助于提升个人的道德修养，也为整个行业的道德建设贡献力量。通过集体的努力，审计团队能够形成良好的道德氛围，为高校治理能力的现代化提供坚实的道德基础。

（三）实务技能强化

在高校治理能力现代化的背景下，内部审计人员的实务技能强化至关重要。内部审计实务技能的基本框架涵盖了审计计划的制订、实施和报告流程的系统化设计。这一框架不仅要求审计人员具备扎实的理论基础，还需熟练掌握各阶段的具体操作，以确保审计过程的规范性和有效性。制订合理的审计计划是整个审计工作的基石，它需要结合高校的具体情况和发展需求，明确审计目标和范围，以便在实施阶段有的放矢。

运用数据分析工具提升内部审计的实务技能是现代审计工作的趋势之一。数据分析工具的应用能够显著提高审计过程的高效与准确性，这要求审计人员不仅要熟悉各类数据分析软件，还需具备一定的数据分析能力，以便在海量数据中提取有价值的信息。这种能力的提升，不仅能帮助审计人员快速发现问题，还能为高校管理层提供更为精准的决策支持，进而助推高校治理能力的现代化。

建立内部审计项目管理能力是确保审计任务有效组织与资源配置的关键。项目管理能力的培养需要内部审计人员具备良好的规划、组织和协调能力，以确保审计工作按计划推进，资源得到合理配置。通过科学的项目管理，审计工作可以更加高效地进行，减少资源浪费，提高审计结果的质量和可信度，从而为高校治理提供强有力的支持。

强化内部审计人员的沟通与协调能力是促进审计结果有效传达与应用的重要环节。审计工作的最终目的是为高校管理决策提供可靠的信息支持，因此，审计人员必须具备良好的沟通技巧，能够清晰地传达审计发现和建议。同时，协调能力的提升也有助于审计人员与各部门之间建立良好的合作关系，确保审计建议能够被有效采纳和实施，从而实现审计工作的价值最大化。

二、内部审计团队的组织结构优化

（一）职责分工明确化

明确内部审计团队各成员的职责与角色是优化组织结构的关键步骤。每位成员需要清楚自己的工作范围与目标，以确保团队运作的高效性。通过明确的职责分工，团队成员能够专注于各自的任务，减少因职责不清导致的工作混乱。同时，建立审计项目的责任分配机制至关重要。在项目实施过程中，各项任务需要有明确的责任人，这不仅有助于提高工作效率，还能在出现问题时迅速定位责任人，及时采取纠正措施。

制定内部审计工作的流程规范是确保各项工作有序进行的基础。规范化的流程能够减少重复劳动，避免资源浪费，并确保工作质量的一致性。通过系统化的流程，团队成员可以更好地协调工作，减少由于流程不当造成的延误和错误。定期评估和调整内部审计团队的职责分工是适应高校治理需求变化的重要手段。随着高校治理环境的变化，审计团队的职责分工也需要灵活调整，以确保团队能够及时响应新挑战和新要求。

促进团队成员之间的沟通与协作是提高审计工作整体效率的关键。通过有效的沟通机制，团队成员能够共享信息和资源，避免信息孤岛的形成。资源的高效利用不仅能提高审计工作的效率，还能增强团队的凝聚力和创新能力。通过优化团队的组织结构和职责分工，内部审计能够更好地助推高校治理能力的现代化，确保高校在新时代背景下的可持续发展。

（二）协作机制建立

在新时代背景下，高校治理能力的现代化离不开内部审计的有效助推，而内部审计团队的组织结构优化是其中的重要一环。协作机制的建立是实现这一目标的关键。通过建立跨部门的协作机制，可以确保内部审计团队与其他职能部门之间的信息共享与沟通顺畅，从而提高审计工作的整体效率。信息的及时传递和反馈不仅有助于发现问题，还能促进问题的快速解决，使内部审计成为高校治理的有力支持。

为了进一步促进各部门的理解与合作，制定定期协作会议制度显得尤为重要。通过定期的交流与反馈，各部门之间可以增进了解，消除误解，形成合力。这种制度不仅能增强内部审计的影响力，还能使各部门在协作中找到更多共同点，推动高校治理能力的全面提升。定期的会议和交流机制，能够为各部门提供一个开放的平台，促进思想的碰撞与融合，为高校的长远发展奠定坚实的基础。

现代信息技术的发展为协作平台或工具的设立提供了有力支持。利用信息技术手段实现实时信息更新与共享，可以确保各部门在审计工作中的及时响应与参与。这种技术手段的应用，不仅提高了审计工作的效率，也提高了信息的透明度和可追溯性。通过信息技术的支持，内部审计团队可以更加精准地把握审计对象的动态变化，从而制订出更加科学合理的审计方案，助推高校治理能力的现代化。

推动审计项目的联合实施，是增强团队合作意识与共同责任感的有效途径。通过鼓励不同部门的人员共同参与审计项目，可以打破部门间的壁垒，促进资源的优化配置。在联合实施审计项目的过程中，各部门人员可以相互学习、相互借鉴，提升自身的专业能力。同时，这种合作也能增强团队的凝聚力，使内部审计的作用更加突出，为高校治理能力的提升提供持续动力。

（三）领导力提升

在新时代背景下，高校治理能力的现代化需要内部审计团队具备卓越的领导力。提升领导力不仅是优化审计团队组织结构的关键，也是推动高校治理的重要环节。领导力的提升可以通过建立系统的领导力发展机制来实现。定期举办培训和工作坊，不仅能提高内部审计团队领导者的管理能力和决策水平，还能帮助他们在复杂的治理环境中更好地应对挑战。这种机制的建立有助于培养一批具备战略眼光和创新思维的领导者，为高校治理提供坚实的支持。

在内部审计团队中，领导者的榜样作用至关重要。他们需要通过自身的行为鼓励团队成员进行透明沟通和开放反馈，进而营造出一种积极向上的审计文化。这种文化不仅能提高团队的凝聚力和工作效率，还能在一定程度上促进高校治理能力的提升。通过树立榜样，领导者可以激发团队成员的潜力，使他们在各自的岗位上发挥更大的作用，为高校的整体发展作出贡献。

制定明确的领导力评估标准是确保领导者绩效与团队目标一致的有效手段。通过定期评估，能够及时发现领导者在管理和决策中的不足，并提供有针对性的改进建议。这种评估机制不仅能提升领导者的工作能力，还能增强他们对团队目标的认同感和责任感。在高校治理中，只有领导者的绩效与团队目标保持一致，才能确保审计工作在推动高校发展中发挥应有的作用。

促进领导者参与高校治理的决策过程是增强审计工作影响力的重要途径。通过参与决策，领导者可以更深入地理解高校的治理需求和发展方向，从而更好地支持审计工作的开展。这不仅能提高审计工作的质量和效率，还能增强审计团队在高校治理中的话语权和影响力。实现这一目标需要高校管理层和审计领导者之间的密切合作，共同推动高校治理能力的现代化。

三、内部审计人员的持续教育与培训机制

（一）培训需求分析

在新时代背景下，高校治理能力的现代化对内部审计人员提出了更高的要求。培训需求分析是确保内部审计人员具备必要技能的关键步骤。通过分析内部审计人员在实际工作中面临的技能缺口，可以明确培训的重点领域。这一过程不仅涉及对现有技能的评估，还需考虑未来可能的技能需求，以确保审计人员能够适应不断变化的环境。尤其是在信息技术快速发展的今天，新技术对内部审计工作的影响尤为显著。评估这些技术的影响，并识别相应的技术培训需求，是培训需求分析的重要组成部分。通过此类分析，能够为内部审计人员提供有针对性的培训，帮助他们掌握必要的技术工具和方法，提高审计效率和准确性。

了解行业内审计人员的职业发展趋势是制订有效培训计划的基础。通过调查和研究，可以发现当前及未来几年内审计行业的变化趋势，并据此调整培训内容，使之与行业发展保持一致。这不仅有助于提升审计人员的专业能力，还能增强他们在行业内的竞争力。此外，收集内部审计人员对培训内容和形式的反馈也是优化培训方案的重要环节。通过反馈机制，可以了解参与者对培训的真实感受和建议，从而不断改进培训计划，提高培训的实际效率和参与度。有效的培训需求分析应当是一个动态的、持续的过程，以便及时响应高校治理结构变化对内部审计角色的影响。

高校治理结构的变化对内部审计的角色产生了深远影响，要求审计人员不断更新相关知识。分析这些变化对内部审计的具体影响，可以帮助确定相应的知识更新需求。在此过程中，内部审计人员不仅需要掌握学校治理的新政策和新动向，还需理解这些变化对审计工作的具体要求。这种知识更新需求的分析，能够确保审计人员在面对新的治理环境时，依然能够有效地执行其职能，助力高校治理能力的现代化。

（二）教育资源整合

在新时代背景下，高校内部审计的教育资源整合是提高审计质量和效率的关键。教育资源整合不是简单的资源汇聚，而是一个系统化的过程，涉及资源的优化配置和有效利用。通过整合高校内部审计与外部审计资源，可以建立一个互助合作机制，使得审计工作更加全面和有效。这种机制不仅能够消除内部与外部审计之间的信息壁垒，还能通过共享信息和经验，促进审计人员的专业成长和能力提升。

在线教育平台的利用为内部审计人员提供了灵活多样的培训课程，满足了他们在职学习的需求。在线平台的课程设计应充分考虑审计人员的时间安排和学习习惯，提供模块化的学习内容，使得学习过程更加自主和高效。这种灵活的学习方式不仅能够提高审计人员的专业知识水平，还能增强他们的创新能力和解决问题的能力，为高校的治理能力现代化提供坚实的人才支持。

与行业协会和专业机构的合作是获取最新审计知识和技能培训资源的重要途径。通过与这些机构的合作，高校内部审计人员可以及时掌握行业动态和前沿技术，提高自身的专业水平。这种合作关系的建立，不仅能为审计人员提供丰富的学习资源，还能搭建一个交流和分享的平台，使得审计人员能够在实际工作中应用所学知识，提高审计工作的质量。

建立内部审计知识库是教育资源整合的重要组成部分。知识库应当汇集行业最佳实践和经验教训，为审计人员提供学习和参考的素材。通过知识库的建设，审计人员可以随时获取所需的信息和资料，提高工作效率和决策能力。知识库的动态更新和维护也是确保其有效性的关键，需定期引入新的案例和经验，以保持其前瞻性和实用性。

四、内部审计职业发展的激励与评估体系

（一）激励机制设计

激励机制设计在内部审计的职业发展中起着至关重要的作用。建立内部审计人员的绩效考核体系是首要任务，通过依据审计结果和工作效率进行定期评估，确保审计人员的贡献得到合理认可。这不仅能提高审计人员的工作积极性，还能促进其专业能力的不断提升。绩效考核体系的设计需考虑多维度评价，既包括审计任务的完成质量，也涵盖工作中的创新能力和团队合作精神等方面。通过全面的评估，能够更准确地反映审计人员的实际表现，从而为激励措施的制定提供科学依据。

在激励机制中，设计多元化的激励措施显得尤为重要。这些措施不仅仅局限于物质奖励，还应包括精神鼓励，以全面提升内部审计人员的工作积极性与归属感。物质奖励可以是奖金、升职加薪等形式，而精神鼓励则可以通过表彰、荣誉称号等方式实现。通过物质与精神的双重激励，能够有效提升审计人员的工作热情和满意度。同时，激励机制的设计应具备灵活性，以适应不同审计人员的个性化需求，从而最大化地发挥其激励作用。

建立职业晋升通道是激励机制中的关键环节。为表现优秀的内部审计人员提供晋升机会，不仅能激励他们在职业发展上不断进步，也能增强其对组织的忠诚度。在晋升通道的设计中，应明确晋升标准和流程，确保其公开、公平和公正。通过为审计人员提供明确的发展路径和成长空间，可以促使他们在职业生涯中持续追求卓越。此外，晋升通道的建立还应与绩效考核体系紧密结合，以确保晋升决策的科学性和合理性。

（二）绩效评估标准

在新时代背景下，高校内部审计的绩效评估标准需要兼顾定量与定性指标，

以全面反映审计工作的成果与影响。建立清晰的绩效评估指标体系是关键。定量指标如审计项目完成率、时间管理等，可以通过统计数据和具体的工作成果来衡量。定性指标则包括审计报告的质量、对高校治理的实际贡献等，这些需要通过综合的分析与评价来体现。通过这样的评估体系，能够更好地明确审计工作的方向，提升其对高校治理能力现代化的助推作用。

为了全面了解审计人员的表现，定期开展360度反馈评估是必不可少的。此类评估收集来自同事、上级以及被审计部门的多方面意见，能够提供一个全方位的视角，帮助审计人员认识到自身的优势与不足。这种评估方式不仅有助于提升个人能力，也促进了团队间的沟通与合作，推动整个审计队伍的专业素养提升。在高校治理中，这种多维度的反馈机制可以更好地适应复杂的治理环境。

设立审计项目完成率和时间管理的考核标准，是确保审计工作按时、高效完成的重要手段。项目完成率直接反映了审计工作的效率，而时间管理则考察审计人员在项目执行过程中的计划性和灵活应变能力。通过这些标准的设定，可以促使审计人员在工作中更注重效率与质量的平衡，进而提高审计工作的整体水平。这对于推动高校治理的现代化进程具有积极的影响。

对审计发现的整改落实情况进行评估，是确保审计结果能够有效推动高校治理改进与优化的关键环节。通过对审计建议落实情况的跟踪与评估，可以判断审计工作对高校治理的实际贡献。这一过程不仅检验了审计工作的有效性，也为审计人员提供了反馈，帮助他们在未来的工作中更好地识别问题、提出具有针对性的改进建议，从而进一步推动高校治理能力的提升。

（三）职业发展路径

在新时代的背景下，内部审计在推动高校治理能力现代化中扮演着关键角色。为了有效发挥这一作用，加强内部审计队伍建设与人才培养显得尤为重要。特别是职业发展路径的规划，是内部审计人员实现个人成长与机构目标相结合的核心环节。职业发展路径的明确，有助于审计人员在职业生涯中找到清晰的方向。这需要明确内部审计人员的职业发展阶段，包括初级、中级和高级审计师的职责与能力要求。通过这种分阶段的职业发展规划，审计人员能够更好地理解自身在不同阶段所需具备的核心能力，并制订个人职业发展计划。这不仅有助于个人职业目标的实现，也有利于机构内部审计职能的优化。

建立内部审计人员的职业发展路径图，是促进职业规划透明化的重要举措。

路径图清晰展示了从入门级别到高级管理职位的晋升通道以及所需的技能和经验。这种可视化的职业发展路径，不仅为审计人员提供了明确的职业发展方向，也为机构在人才培养与管理上提供了依据。通过路径图，审计人员可以更好地规划自身的职业发展，同时也能激励他们不断提升专业能力，以适应不断变化的审计环境和高校治理需求。

职业发展评估是确保审计人员职业成长与机构需求相匹配的重要手段。定期开展职业发展评估，结合审计人员的工作表现与培训成果，能够为其提供个性化的职业发展建议与指导。这种评估不仅关注审计人员的当前表现，还着眼于其未来发展潜力。通过评估，机构可以识别出具有发展潜力的审计人员，并为其提供更具针对性的培训和发展机会，从而实现个人与机构的双赢。

跨部门项目与多样化的工作任务是提升审计人员综合素质和职业适应能力的重要途径。鼓励内部审计人员参与这些活动，可以拓宽其职业发展视野与机会。通过跨部门的合作，审计人员不仅能提升自身的专业能力，还能增强对高校整体运作的理解，从而更好地支持高校治理能力的现代化。这种多样化的工作经验，不仅丰富了审计人员的职业经历，也为其未来职业发展提供了更多可能性。

第三节　完善内部审计制度保障体系

一、内部审计制度的法律框架分析

（一）法律法规解读

法律法规解读是理解和实施高校内部审计制度的基础。内部审计制度的法律框架需要严格遵循国家相关法律法规，以确保审计活动的合法性与合规性。高校在制定内部审计制度时，必须明确审计职责与权限，确保审计人员能够在独立和客观的环境下开展工作。这不仅有助于提高审计的质量和效率，也能增强审计结论的可信度和公信力。法律法规还应该详细规定内部审计的实施程序，包括从审计计划的制订到审计执行、报告撰写及后续跟踪等环节的规范化操作。这些程序的规范化有助于形成一套系统化的审计流程，提高审计工作的效率。

高校内部审计制度需建立对审计结果的法律保护机制，以保障审计人员在履行职责过程中的安全与权益。这种法律保护机制不仅可以防止审计人员因揭露问题而受到不当对待，还能激励他们勇于发现和指出问题，提升审计的独立性和客观性。此外，法律框架应当鼓励高校内部审计与外部监管机构之间的沟通与协作。这种协作可以提升审计的透明度和公信力，使得审计结果更具权威性和说服力。通过与外部监管机构的合作，高校可以更好地识别潜在的风险和问题，从而采取有效的措施进行改进和优化。

在全球化背景下，国内外高校在内部审计制度的建设上存在差异，但都面临着类似的挑战和机遇。通过对法律法规的深入解读和合理运用，高校能够构建出一套符合自身特点且具有前瞻性的内部审计制度。这不仅有助于提升高校的治理能力，也为新时代高校的发展提供了坚实的制度保障。法律框架的完善和实施是一个持续的过程，需要不断地根据实际情况进行调整和优化，以适应不断变化的外部环境和内部需求。

（二）合规性要求

合规性要求是高校内部审计制度的核心要素。高校的内部审计制度必须严格遵循国家和地方的法律法规，以确保审计活动的合规性和合法性。这不仅是法律的要求，也是高校自身管理和发展的需要。在实践中，高校应建立一套完善的合规性评估机制，定期对审计流程和结果进行检查，以确认其符合相关法律法规的要求。这种机制的建立，有助于高校在复杂的法律环境中保持审计活动的合法性，并增强其治理能力。

为确保合规性要求的落实，高校必须明确内部审计人员的权利与义务。这不仅涉及审计人员在执行任务时的独立性和客观性，还包括防止利益冲突的发生。审计人员应在法律框架内开展工作，确保审计结果的公正性和权威性。在此基础上，制订合规性培训计划显得尤为重要。通过系统的培训，提高内部审计人员和相关部门对法律法规的理解与遵循意识，是提高高校内部审计质量的关键步骤。这种培训应当是持续的，确保所有相关人员始终保持对最新法律法规的敏感性和理解力。

建立内部审计结果的反馈与整改机制不可或缺。这一机制的核心在于确保发现的合规性问题能够及时被整改并落实到位。通过有效的反馈渠道，审计发现的问题能够及时传达给相关决策层，并采取相应的整改措施。这不仅提高了审计的有效性，也增强了高校治理的透明度和责任性。通过这种机制，确保高校在日常管理中能够及时纠正偏差，保持良好的治理状态。

（三）法律责任界定

在新时代高校治理能力现代化的背景下，内部审计制度的法律责任界定成为保障审计工作有效推进的关键因素。法律责任界定不仅涉及审计人员在执行任务时的职责范围，还关系审计工作的整体效能。明确内部审计人员在执行审计任务中的法律责任，确保其在发现问题时能够依法采取必要措施，是提高审计质量的重要保障。这一责任界定不仅有助于提升审计人员的工作积极性和主动性，还为其在处理复杂审计问题时提供了法律依据，增强了审计工作的权威性和公信力。

为了进一步完善高校内部审计制度，有必要建立健全内部审计责任追究机制。该机制的建立旨在确保审计人员因失职、渎职等行为而导致的损失能够追责，从而提升审计工作的严肃性和责任感。这不仅要求对审计人员的失职行为进行有效追责，还需要对审计过程中可能出现的各种问题进行及时纠正。通过明确责任追究的标准和程序，可以有效防止审计人员在工作中出现疏忽或懈怠，确保审计结果的准确性和可靠性。

规定高校管理层对内部审计结果的法律责任，确保其对审计发现的整改和落实负有义务，是内部审计制度法律框架中的重要一环。高校管理层作为审计结果的主要执行者，其对审计发现问题的整改态度和措施直接影响审计工作的最终成效。因此，明确管理层的法律责任，不仅有助于提高审计结果的执行力，还能促进高校治理结构的优化和完善，推动高校治理能力的现代化进程。

明确外部监管机构与高校内部审计之间的法律责任关系，促进双方在审计活动中的协作与支持，是提升审计工作整体效能的重要保障。外部监管机构作为审计工作的外部监督者，其与高校内部审计的良好协作关系，有助于形成审计工作的合力，提升审计结果的公信力和影响力。通过明确双方的法律责任关系，可以有效避免审计工作中的冲突和矛盾，促进审计工作的顺利开展。

二、内部审计标准化流程的建立

（一）流程设计原则

流程设计原则是确保高校内部审计工作高效运转的基石。流程设计应以用户需求为导向，确保审计过程符合实际操作中的需求与期望。用户需求导向不仅要求流程设计者深入理解高校的具体业务流程和管理目标，还需考虑各职能部门的特殊需求，以实现审计工作的最大化效用。此外，流程设计需具备灵活性，以适应高校内部审计工作中可能出现的变化与调整。高校作为知识创新的前沿阵地，其内部治理结构和管理方式常常处于动态变化中，因此，审计流程需要具备足够的适应性，以应对不确定性和复杂性。

在此基础上，流程设计应强调标准化，确保审计活动的各个环节具备一致性与可重复性，提高审计效率。标准化流程是实现审计工作透明化和规范化的重要手段，能够有效减少人为因素对审计结果的影响，从而提高审计的公信力和权威性。标准化流程的建立不仅需要明确的步骤和规范，还需通过培训和监督机制确保审计人员严格遵循流程执行。此外，流程设计需考虑信息透明，确保审计过程中的信息流动畅通，便于各相关方的沟通与协作。信息透明是提升审计工作透明度和公信力的重要途径，通过信息的及时共享和反馈，可以有效促进审计工作的顺利开展和问题的及时解决。

流程设计应注重风险控制，将风险评估与管理融入审计流程中，以保障审计工作的有效性与合规性。高校内部审计不仅是对财务数据的核查，也是对整个治理体系的风险把控。通过在流程中嵌入风险评估环节，可以提前识别潜在风险，并制定相应的应对措施，从而降低审计过程中可能出现的风险损失。风险控制的有效实施，需要依托完善的信息系统和风险管理工具，以确保审计工作的系统性和全面性。

（二）关键环节识别

关键环节识别是内部审计标准化流程建立的核心步骤。其重要性在于确保审计流程的每个部分都能有效支持审计的总体目标。明确的审计目标是识别关键环节的前提条件，因为只有在目标清晰的情况下，才能准确地判断哪些环节对实现这些目标至关重要。这种识别过程不仅有助于提高审计效率，还能确保审计结果的有效性和可靠性。因此，识别关键环节是构建稳健的审计流程的基础。

在流程设计中，关键环节的识别需要特别关注信息流动的顺畅性。信息流动的顺畅性直接影响审计的效率和透明度。在审计过程中，如果信息在各环节之间的传递不畅，就可能导致信息滞后或失真，从而影响审计的及时性和准确性。因此，在识别关键环节时，必须考虑如何优化信息流动，确保信息能够及时、准确地在各环节之间传递。这不仅能提高审计效率，还能增强审计的透明度和公信力。

关键环节的识别还需结合风险管理的理念，以确保在每个环节中都能有效识别和控制潜在风险。在审计过程中，风险无处不在，识别和控制这些风险是审计成败的关键。因此，在识别关键环节时，必须充分考虑每个环节可能存在的风险，并制定相应的控制措施。通过这种方式，可以在审计流程中提前预见和规避潜在的风险，从而提高审计的安全性和成功率。

通过数据分析手段识别关键环节，是提升审计流程可量化和可监控性的有效方法。现代审计越来越依赖数据的支持，通过数据分析，可以更精准地识别出审计流程中的关键环节。这种方法不仅可以提高识别的准确性，还能为后续的监控提供量化的依据。通过对数据的深入分析，审计人员可以更好地理解各环节的运行状态，从而在需要时及时进行调整和优化。

（三）流程优化方法

在新时代背景下，内部审计作为高校治理的重要组成部分，其流程优化方法的研究显得尤为关键。流程优化方法不仅是提高审计效率的关键手段，也是确保审计质量和治理能力现代化的重要保障。建立审计流程的标准化模板是优化流程的基础。通过制定统一的操作规范，各项审计活动能够在标准化的框架下进行，这不仅提高了工作效率，还确保了操作的一致性。标准化模板的建立需要结合高校的实际情况，综合考虑各类审计活动的特点，以便在实际操作中能够灵活应用。

引入流程自动化工具是流程优化的一个重要方法。自动化工具能够显著减少人工干预，提升审计流程的执行速度和准确性。在高校内部审计中，自动化工具的应用可以简化烦琐的人工操作，减少人为错误的发生。通过信息技术的支持，审计人员可以更专注于高价值的分析工作，提高审计的整体质量和效率。此外，自动化工具的应用还能够为审计流程提供实时的数据支持，帮助审计人员及时作出决策。

定期进行审计流程的评估与反馈是优化流程的持续保障。通过评估，可以及时发现流程中的瓶颈与不合理环节，并进行有针对性的调整和优化。这一过程不仅有助于提高整体审计效率，还能够推动审计流程的持续改进。评估与反馈机制需要建立在全面的数据收集和分析基础之上，只有这样才能确保发现问题的准确性和优化措施的有效性。

加强跨部门协作机制是确保审计流程顺利进行的关键。高校内部审计涉及多个职能部门，各部门在审计流程中的角色明确与否直接影响信息共享与资源的高效利用。通过加强跨部门协作机制，各职能部门能够在审计过程中明确各自的职责，避免职责不清导致的推诿现象。同时，跨部门的有效协作还能够促进信息的共享与资源的整合，提高审计的整体效率和质量。

三、内部审计风险管理机制的完善

（一）风险识别方法

风险识别方法在高校内部审计中具有至关重要的作用。采用定性与定量相结合的方法，通过访谈和问卷调查收集高校内部各部门的风险信息，可以确保全面识别潜在风险源。这一过程不仅需要审计人员具备敏锐的观察力和分析能力，还要求他们能够有效地沟通和收集信息。通过对不同部门的深入访谈，审计人员能够获取第一手的风险信息，而问卷调查则能够在更大范围内收集数据，为后续的风险分析提供基础。这种方法的应用有助于提高风险识别的全面性和准确性，为高校的治理能力现代化提供坚实的基础。

在识别出风险后，运用风险矩阵工具对这些风险进行分类和优先级排序是至关重要的。这一工具能够帮助审计人员聚焦高风险领域，从而优化资源配置，确保审计工作的有效性和效率。通过将风险按照可能性和影响程度进行分类，审计人员可以清晰地了解哪些风险需要优先处理，哪些风险可以暂时搁置。这一过程不仅提高了审计工作的针对性，还能够有效地降低高校面临的潜在风险，保障其正常运作和发展。

结合数据分析技术，通过对历史数据的挖掘，识别出可能存在的趋势和模式，是现代风险识别方法中的一个重要环节。通过对大量历史数据的分析，审计人员可以发现潜在的风险信号，并提前预警可能出现的问题。这一过程不仅需要先进的数据分析工具，还要求审计人员具备较强的数据分析能力和风险判断能力。通过这种方式，高校能够在风险发生之前采取预防措施，降低风险对其发展的负面影响。

建立跨部门协作机制，鼓励各部门分享风险信息和经验，是提升风险识别全面性和准确性的关键。通过这种机制，各部门能够及时交流风险信息，形成信息共享的良好氛围。这不仅有助于提高风险识别的效率，还能够增强各部门之间的协作，形成合力，共同应对风险挑战。通过这种方式，高校能够更好地识别和管理风险，推动其治理能力的现代化。

（二）风险评估标准

内部审计中的风险评估标准是确保高校治理能力现代化的重要工具。风险评估标准的设计应充分考虑高校内部审计的具体目标和任务，确保评估过程与审计目标高度一致。这意味着在制定标准时，必须明确审计的核心任务和预期成果，以便评估活动能够真正为高校治理提供实质性的支持。通过这种方式，风险评估不再是一个孤立的过程，而是与高校整体战略紧密相连的环节。

在风险评估过程中，采用定量与定性相结合的方法是至关重要的。定量分析可以通过数据和统计方法来确定风险发生的概率和可能的影响程度，从而提供一个客观的基础。而定性分析则补充了定量分析的不足，通过专家判断和经验反馈，识别那些难以量化但对高校治理至关重要的风险因素。结合这两种方法，可以形成一个全面而深入的评估结果，为高校的风险管理提供可靠的依据。

在风险评估的实施中，明确评估责任人是提升责任意识和执行力的关键。每个风险的评估和管理都需要专人负责，这不仅有助于提高评估的准确性和效率，还能确保评估结果能够被及时应用于决策过程。通过责任人的明确划分，能够有效地避免责任推诿的问题，确保每一个风险管理环节都有清晰的责任归属。

风险评估标准的定期更新是适应高校内部和外部环境变化的必要措施。随着高校发展和外部环境的变化，风险因素也在不断演变。因此，评估标准必须保持动态性和灵活性，以及时反映这些变化。通过定期更新标准，可以确保评估方法和标准的适应性和有效性，使得风险评估始终能够为高校治理提供最新的支持。

建立风险评估的文档化流程是确保评估结果可追溯和可改进的基础。通过详细的记录和追踪，评估过程和结果可以被后续的审计和管理活动所参考和利用。这不仅有助于提高风险管理的透明度，还能为未来的审计提供宝贵的历史数据和经验教训，从而不断完善和优化高校的风险管理机制。

（三）风险控制措施

风险控制措施在促进高校治理能力现代化中扮演着至关重要的角色。高校作为知识传播与创新的核心机构，其内部管理复杂且面临多样化的风险挑战。建立全面的风险控制政策是高校在风险管理中至关重要的一步。通过制定统一的标准与流程，各部门能够在风险管理中保持一致，增强组织整体的风险应对能力。这种统一性不仅提高了风险管理的效率，还确保了不同部门在面对风险时能够协同作战，从而提高高校的整体治理水平。

实施定期的风险控制效果评估是保障风险管理措施有效性的关键。现代技术的发展，尤其是数据分析技术的应用，使得对风险控制措施的量化分析成为可能。通过对数据的深入分析，高校能够准确评估现有控制措施的有效性，并根据评估结果及时调整和优化风险管理策略。这种动态的风险管理方式，不仅能有效降低风险发生的概率，还能为高校的长远发展提供坚实的保障。

加强对关键岗位和高风险领域的监测与审计，是降低潜在风险发生概率的重要措施。高校内部的关键岗位常常涉及重要决策和资源分配，其风险控制的有效性直接影响高校的整体治理能力。通过加强对这些岗位的监测与审计，确保其严格遵循既定的风险控制措施，可以有效降低风险发生的概率。同时，这种监测与审计机制也为高校内部的风险管理提供了透明度，增强了高校治理的公信力。

促进内部审计与其他职能部门的协作，建立信息共享机制，是提高整体风险管理效率的有效途径。在高校内部，风险控制信息的及时传递与反馈对于风险管理的成功至关重要。通过建立信息共享机制，内部审计能够与其他职能部门紧密协作，确保风险控制信息的快速流动。这种协作不仅提高了风险管理的效率，也为高校的治理现代化提供了强有力的支持。

四、内部审计质量控制体系的构建

（一）质量标准制定

在新时代高校治理的背景下，制定内部审计质量标准是确保审计活动有效性的重要步骤。制定质量标准时，首先应明确审计目标，以确保审计活动的方向性与一致性。明确的目标能够引导审计团队聚焦关键问题，避免资源浪费，并提高审计工作的整体效率。审计目标的设定不仅需要考虑高校治理的具体需求，还应与国家政策和国际惯例相适应，从而在全球化背景下提高高校的竞争力和治理水平。

建立审计过程的标准化操作规范是质量标准制定的一个重要方面。标准化操作规范能够确保各项审计活动遵循统一的流程与方法，减少人为因素对审计结果的影响。通过标准化，审计过程的透明度和可控性得以提高，从而增强高校管理层和外部利益相关者对审计结果的信任。标准化操作还可以作为培训新审计人员的基础，帮助他们快速适应工作环境，提高审计团队的整体效率。

审计结果的评估标准是确保审计成果有效性和影响力的关键。通过量化审计成果，审计团队可以更清晰地展示其工作的价值和对高校治理的贡献。评估标准不仅为审计活动提供了反馈机制，也为后续改进提供了依据。在评估过程中，审计团队需要结合高校的具体情况，灵活运用各种评估工具和方法，以确保评估结果的客观性和准确性。

建立审计人员的专业能力标准是保证审计质量的基础。审计人员的专业能力不仅包括必要的知识和技能，还涉及道德素养的培养。通过制定严格的专业能力标准，高校可以确保审计团队具备应对复杂审计任务的能力，从而提高审计活动的整体质量。专业能力标准的制定还需要考虑审计人员的持续职业发展，通过培训和考核机制，不断提高他们的专业水平。

（二）质量评估方法

在高校治理中，内部审计质量控制体系的构建至关重要。质量评估方法的科学性和合理性直接影响审计质量。在这一过程中，建立质量评估的定量指标体系是关键。通过数据分析，对审计结果进行量化评估，确保评估的客观性与科学性。这不仅要求对审计数据进行全面的收集和整理，还需运用统计分析工具对数据进行深度挖掘，以揭示审计过程中的潜在问题和改进空间。通过这种量化评估方法，能够为高校管理层提供更为精准的决策支持，推动治理能力的现代化。

实施360度反馈机制是提高内部审计质量的重要手段。通过收集来自同事、上级和被审计部门的意见，全面了解审计人员的表现与影响。这样的反馈机制不仅可以帮助审计人员认识到自身的优劣势，还能够促进团队协作和沟通，形成良好的工作氛围。在反馈过程中，须注重反馈信息的真实性和全面性，确保反馈内容能够真实反映审计工作的实际情况。最终，通过综合分析这些反馈意见，帮助审计部门制定更为有效的改进措施，提高内部审计的整体质量。

定期开展内部审计质量自查是确保审计过程和结果符合既定标准的有效手段。通过自查，审计部门能够及时发现并纠正潜在问题，防止小问题演变成大隐患。在自查过程中，须制订详细的检查清单，确保每个环节都得到充分审视。同时，鼓励审计人员自我反思，提升其专业素养和责任意识。通过自查，能够不断优化审计流程，提高审计效率，为高校治理提供坚实的保障。

建立审计结果的跟踪机制对于确保审计发现能够有效推动改进与优化至关重要。通过定期评估审计建议的落实情况，可以监控改进措施的执行效果，确保审计工作的实际价值。在跟踪过程中，须明确责任人和时间节点，确保每项建议都得到有效落实。同时，定期总结和反馈跟踪结果，为后续审计工作提供借鉴和参考，形成良性循环，持续提升高校治理能力。

（三）持续改进机制

在新时代背景下，内部审计的持续改进机制成为高校治理能力现代化的重要推动力。持续改进机制不仅是内部审计质量控制体系的核心组成部分，更是提高审计工作效率的关键。通过建立有效的反馈机制，审计结果能够及时传达给管理层，从而推动相应整改措施的落实。这一机制确保了审计工作的透明度和响应速度，为高校治理提供了可靠的决策支持。

定期开展审计质量评估是持续改进机制中的重要环节。通过收集审计团队及相关部门的反馈，审计流程与方法得以持续优化。这种评估不仅帮助识别审计工作中的不足，还为改进提供了具体的方向。通过系统地分析和总结，审计团队能够在实践中不断提高自身的专业水准，并在高校治理中发挥更为显著的作用。

审计成果的跟踪评估是确保审计建议落实情况的重要手段。通过有效的监控与反馈机制，审计工作可以在实践中得到验证和改进。这种跟踪评估不仅提升了审计工作的实效性，还增强了管理层对审计建议的重视程度。通过不断地反馈与调整，内部审计能够更好地适应高校治理的实际需求，推动治理能力的现代化进程。

为了确保审计团队的专业能力与时俱进，鼓励审计人员参与持续教育与培训至关重要。这不仅提高了审计人员的专业技能与知识水平，还增强了团队的整体竞争力。通过引入新的知识和技能，审计团队能够更好地应对不断变化的高校治理环境，确保审计工作的前瞻性和有效性。

在审计过程中，建立创新机制是持续改进的关键。鼓励审计人员提出新的审计方法与工具，可以有效适应高校治理需求的变化与发展。创新机制的建立，不仅激发了审计人员的创造力，还推动了审计工作的现代化转型。通过不断探索和应用新技术，内部审计能够在高校治理中发挥更为积极的作用，助力治理能力的提升。

第三章 内部审计在高校风险管理中的应用

第一节 内部审计在高校风险评估中的作用

一、风险评估的基本概念与方法

（一）风险评估的基本概念

风险评估是指通过系统的方法识别、分析和优先排序可能影响组织目标实现的风险。在高校管理中，风险评估具有重要意义。高校作为复杂的组织系统，面临着多种风险，包括财务风险、学术风险、法律合规风险等。通过有效的风险评估，高校管理层可以识别潜在的风险因素，分析其可能的影响，并根据风险的严重程度进行优先排序。这一过程不仅有助于提高高校的风险应对能力，还能够为决策提供科学依据，确保高校的可持续发展。

风险评估的定义及其在高校管理中的重要性体现在多个方面。首先，它为高校管理层提供了一个全面了解风险环境的框架，使得管理者能够在决策过程中考虑更多的风险因素。其次，风险评估能够帮助高校识别内部控制的薄弱环节，从而加强内部控制体系的建设。最后，通过风险评估，高校可以更好地配置资源，将有限的资源投入风险较高的领域，以提高资源使用效率。

风险评估的主要目标包括识别、分析和优先排序风险。这一过程通常涉及多个步骤：首先是识别风险，即确定哪些因素可能对高校的目标实现产生影响；其次是分析风险，即评估这些风险的可能性和潜在影响；最后是优先排序风险，即根据风险的重要性和紧迫性决定应对策略。通过这一系统化的过程，高校可以更有效地管理风险，确保其运营的稳定性和持续性。

风险评估的基本方法主要包括定性评估和定量评估。定性评估通常通过专家访谈、问卷调查等方式，收集对风险的主观判断和描述；而定量评估则通过统计分析、模型计算等方法，量化风险的可能性和影响程度。在高校内部审计流程中，这两种方法相辅相成，定性评估提供了对风险的初步判断，而定量评估则为风险管理提供了更为精确的数据支持。

（二）风险评估的方法

风险评估在高校管理中扮演着至关重要的角色，它为高校的风险管理提供了科学依据和决策支持。风险评估的方法多种多样，涵盖了从定性到定量的广泛手段。定性风险评估方法主要依赖专家访谈和焦点小组讨论。这些方法通过收集专家的意见和经验来识别潜在的风险因素，特别是在复杂和不确定的环境中，这些方法能够提供深刻的洞察力。通过与高校各层级的管理人员和专家交流，内部审计可以更全面地了解高校面临的风险因素，并形成初步的风险识别框架。

定量风险评估方法侧重于利用统计分析和数据建模技术，量化风险发生的可能性和影响程度。这种方法的优势在于其能够提供具体的数值分析，使得风险评估更加客观和可测量。通过对历史数据的分析和建模，内部审计能够预测未来可能出现的风险情景，并评估其对高校运营的潜在影响。定量方法的应用不仅提高了风险评估的准确性，还为决策者提供了更具说服力的依据，帮助他们在资源有限的情况下作出更为明智的选择。

情景分析法是一种重要的风险评估工具，通过设定不同的情景来评估风险对高校运营的影响。该方法的核心在于其灵活性和全面性，能够帮助高校管理层理解在不同环境下风险的表现形式及其潜在后果。通过模拟各种可能的未来情景，管理者可以预先识别出可能的风险暴露点，并制定相应的应对策略。这种方法特别适用于应对不确定性高、变化迅速的风险环境，能够为高校提供更为动态的风险管理方案。

风险矩阵法则是一种直观且实用的风险评估工具，通过将风险按发生概率和影响程度进行分类，帮助决策者优先处理高风险领域。这种方法以二维矩阵的形式呈现，能够清晰地展示各类风险的相对位置，使得管理者可以快速识别出需要优先关注和资源投入的风险点。风险矩阵法不仅简化了复杂的风险评估过程，还为高校的风险管理提供了一个可视化的工具，提高了风险管理的效率。

二、内部审计在风险评估中的职能定位

（一）职能定位的原则

在高校风险管理的过程中，内部审计的职能定位至关重要。内部审计应以

风险导向为核心，聚焦于高校面临的主要风险领域。这种聚焦不仅能确保审计资源的有效配置，还能使审计活动更加精准和高效。在资源有限的情况下，如何合理配置审计资源，以最大化其在风险评估中的作用，是内部审计需要解决的关键问题。通过聚焦主要风险领域，内部审计能够及时发现潜在问题，提出改进建议，从而有效防范和化解风险。

内部审计的独立性是其在风险评估中保持客观性和公正性的基础。独立性不仅指组织结构上的独立，还包括在思想和行动上的独立。内部审计需要在不受管理层干扰的情况下开展工作，以确保风险评估结果的客观性和公正性。这种独立性使内部审计能够提供真实、可靠的风险评估报告，为高校管理层提供决策参考。在实际操作中，独立性可能受到各种因素的挑战，因此，如何保持内部审计的独立性是一个需要持续关注的问题。

跨学科知识和技能是内部审计在风险评估中发挥作用的基础。高校环境复杂多变，内部审计需要具备财务、管理、法律等多方面的专业知识，才能全面识别和评估风险。这种跨学科的能力使内部审计能够从不同角度分析问题，提出综合性的解决方案。同时，内审人员需要不断学习和更新知识，以适应不断变化的高校环境和外部环境，从而提高风险评估的准确性和有效性。

定期更新风险评估方法和工具是内部审计保持其评估有效性和前瞻性的关键。高校环境和外部环境的变化要求内部审计不断调整其评估方法和工具，以适应新的风险和挑战。通过引入先进的风险评估技术和工具，内部审计可以提高工作效率和评估质量。同时，定期更新也有助于内部审计保持对高校风险的敏感性和预测能力，为高校的可持续发展提供支持。

内部审计应与高校的战略目标相结合，以确保风险评估与高校的整体发展方向一致。内部审计不仅是风险管理的工具，更是高校实现战略目标的重要支持力量。通过将风险评估与高校的战略目标相结合，内部审计可以帮助高校识别战略实施中的风险，提出改进建议，从而为高校的决策提供有力支持。

（二）职能定位的范围

内部审计在高校风险评估中的职能定位范围广泛而多样。其核心在于确保各类风险得到全面识别与分析，这一过程中，内部审计需要扮演关键角色。内部审计不仅要关注显而易见的财务风险，还需深入挖掘潜在的合规风险和操作风险。通过系统化的评估与监控，内部审计能够为高校的风险管理提供坚实的保障。其有效性依赖对潜在风险的深刻理解和精确分析，确保风险管理措施的合理性与科学性。

内部审计的职能范围涵盖了对财务风险、合规风险和操作风险的全面评估与监控。这一职能定位要求内部审计人员具备多领域的专业知识和敏锐的风险感知能力。在财务风险方面，内部审计需对高校的财务报告、预算管理和资金使用进行严格审核，以防范财务舞弊和资金流失。在合规风险方面，内部审计需确保高校的各项活动符合国家法律法规和行业标准，避免因违规操作而导致的法律责任和声誉损失。在操作风险方面，内部审计需关注业务流程的合理性和效率，防止因操作失误或系统缺陷带来的风险。

为了确保风险评估与高校战略目标相一致，内部审计需积极参与高校战略规划过程。这一参与不仅限于对战略目标的审核，还需在战略制定的初期阶段提供风险评估的专业意见。通过这种方式，内部审计能够帮助高校在制定战略时充分考虑潜在风险，确保战略实施的可行性和安全性。此外，内部审计需在战略执行过程中持续监控风险变化，及时调整风险管理策略，以适应外部环境的变化。

定期开展风险评估培训是内部审计职能的重要组成部分，旨在提升相关人员的风险识别与管理能力。这种培训不仅限于内部审计人员，还应覆盖高校管理层和各业务部门的负责人。通过系统的风险管理培训，内部审计能帮助高校建立起一支具备风险意识和管理能力的团队，从而在全校范围内形成良好的风险管理文化。培训内容应包括风险识别方法、风险评估工具和风险应对策略，以提高高校整体的风险管理水平。

（三）职能定位的影响

在高校风险管理中，内部审计的职能定位对风险评估过程具有深远的影响。内部审计作为高校管理的重要组成部分，其作用不仅在于监督和检查，还在于通过系统的风险评估提高高校的决策质量。有效的风险评估能够确保资源的合理配置与使用，避免浪费和重复建设。这种职能定位使得内部审计在高校治理中扮演着至关重要的角色，推动高校在资源使用上更加精细化和科学化。

内部审计的职能定位促进了高校管理层对风险的认知，增强了风险管理的意识和能力。通过内部审计，管理层能够更清晰地了解高校面临的各种风险，并在此基础上提高风险管理的水平。内部审计不仅提供了风险识别和评估的工具，还通过培训和研讨会等方式，提高了管理层的风险意识。这种职能定位使得高校能够在日常运作中更加主动地识别和应对风险，形成良好的风险管理文化。

内部审计能够为高校提供客观的风险评估报告，帮助管理层制定更为科学的风险应对策略。风险评估报告不仅是对当前风险状况的描述，也是对未来风险趋势的预测和分析。这些报告为管理层提供了决策的依据，使其能够在风险应对策略上更加具有前瞻性和针对性。通过这些科学的策略，高校能够在复杂多变的环境中保持稳健发展。

通过内部审计的持续监控与评估，高校能够及时识别潜在风险，降低风险事件发生的概率。内部审计的持续性和系统性使得风险评估不再是一次性的工作，而是一个动态的过程。高校可以通过定期的审计活动，及时发现潜在的风险因素，并采取相应的措施进行控制和缓解。这种持续的风险管理机制，有效地降低了风险事件发生的可能性，保障了高校的正常运作和发展。

三、高校风险评估的关键领域

（一）财务风险领域

在高校的运营中，财务风险领域是风险管理的核心环节。财务风险的识别与评估是确保高校能及时掌握其财务状况的关键步骤。这一过程包括对流动性风险、信用风险及市场风险等多种风险的全面评估。流动性风险涉及高校在短期内是否有足够的现金流来满足其财务义务，而信用风险则与高校的借贷能力和偿债能力息息相关。市场风险则涉及外部经济环境变化对高校财务状况的影响。通过系统化的风险识别与评估，高校能够预见潜在的财务困境，从而采取预防措施，确保财务稳定。

内部审计在财务风险管理中扮演着至关重要的角色。其提供的客观审计报告不仅帮助高校管理层识别潜在的财务风险，还为决策提供了可靠的依据。内部审计通过对财务活动的独立检查，揭示出财务管理中的薄弱环节和潜在风险，进而建议改进措施。这种审计活动不仅提高了财务信息的透明度，还有助于增强管理层对风险的敏感性及应对能力，确保财务风险被有效控制。

建立有效的财务风险监控机制是高校风险管理的必要步骤。通过定期的审计和数据分析，高校能够确保其财务活动的透明度和合规性。这种机制要求对财务数据进行持续监控和分析，以便及时发现并纠正财务活动中的异常现象。

此外，定期的内部审计还能为管理层提供最新的财务状况报告，帮助其在复杂多变的经济环境中作出明智的决策。通过有效的监控机制，高校能够在风险发生前采取预防措施，从而降低风险带来的负面影响。

制订财务风险应急预案是高校应对突发风险事件的关键措施。应急预案的核心在于确保高校在突发风险事件发生时，能够迅速有效地进行应对。预案应包括明确的应急响应流程、责任分工以及资源调配方案，以确保在紧急情况下能够迅速恢复正常运作。通过定期的应急演练，高校可以不断完善其应急预案，提高应对突发事件的能力，最大限度地减少财务风险对学校运营的影响。

（二）学术风险领域

学术风险领域是高校风险管理中一个至关重要的部分。学术风险的识别与评估涉及多方面因素，如课程设置、师资力量及研究能力等。这些因素直接影响高校在学术领域的竞争力和可持续发展。课程设置必须与时俱进，适应社会经济发展的需求，同时也要考虑学生的多样化发展需求。师资力量则是保障教学质量的基石，高校需要通过严格的招聘和培训机制，确保教师具备高水平的教学和研究能力。研究能力的提升不仅依赖个体的努力，还需要学校提供良好的科研环境和资源支持。通过对这些因素的全面评估，高校能够更好地识别潜在的学术风险，制定相应的管理策略。

内部审计在学术风险管理中发挥着关键作用。通过审查教学和研究活动，内部审计能够确保学术规范和质量标准的遵循。这不仅包括对教学过程的监督，还涉及对研究项目的合规性和科学性的审查。内部审计的介入可以帮助高校及时发现教学和科研活动中的偏差，确保各项学术活动符合既定的质量标准。这种审计活动不仅是对现有问题的监督，也是一种促进高校持续改进的动力。通过定期的审计，高校能够在学术管理上保持警觉，及时调整政策和措施以应对不断变化的内外部环境。

建立健全学术风险监控机制对于高校来说至关重要。这一机制要求定期评估教学质量和研究成果，以便及时发现和应对潜在的学术问题。监控机制不仅要关注结果，更要重视过程，通过对教学和研究过程的监测，确保每一个环节都符合规范要求。定期的评估报告为高校管理层提供了重要的决策依据，使其能够及时采取措施，改进不足，提高整体学术水平。这种机制的建立需要内部审计与教学、科研部门的紧密合作，共同推动高校学术质量的提升。

学术风险应急预案的制订是高校风险管理的重要组成部分。应急预案的存在确保了在学术不端行为或研究失败等突发事件发生时，高校能够迅速采取措施进行处理。预案不仅要明确具体的应对措施，还要规定责任分工和处置流程，以确保在突发事件中各部门能够迅速协调行动，减少对高校声誉和学术环境的负面影响。内部审计在应急预案的制订和演练过程中也扮演着重要角色，通过审查和建议，帮助高校完善应急机制，提高应对各种学术风险的能力。

（三）法律合规风险领域

法律合规风险领域是高校风险管理中的核心组成部分。高校作为教育和科研的重要基地，必须在法律框架内运营，确保其活动符合国家和地方的法律法规。法律合规风险的识别与评估是一个复杂的过程，涉及政策法规的变化、合规性审查及潜在法律责任等方面。高校需要密切关注政策法规的更新，及时调整内部规章制度，以应对外部环境的变化。合规性审查则要求高校定期检查各项活动和项目的合法性，确保其不违反法律规定，避免可能导致的法律责任。通过全面的风险评估，高校能够在运营过程中识别潜在的法律风险，确保其在法律框架内合法合规地运作。

在法律合规风险管理中，内部审计发挥着重要作用。内部审计通过对合同、协议及政策执行情况的审查，确保高校遵循法律法规，降低合规风险。例如，审计人员可以检查高校与外部机构签订的合同，确保合同条款符合法律要求，避免合同纠纷。此外，内部审计还可以对高校内部政策的执行情况进行评估，确保各部门在执行政策时不违反法律规定。这种系统化的审查过程不仅能发现潜在的合规问题，还能为高校提供改进建议，帮助其在法律框架内实现更高效的运营。

建立法律合规风险监控机制是高校风险管理的重要一环。通过定期进行合规审计和风险评估，高校可以及时发现并纠正潜在的法律问题，以维护其合法权益。合规审计需要制订详细的审计计划，明确审计范围和重点领域，确保审计过程的全面性和有效性。风险评估则需要从多个维度对高校的法律风险进行分析，包括政策变化风险、合同管理风险和行政合规风险等。通过建立健全监控机制，高校能够形成动态的风险管理体系，及时应对法律风险的变化，确保其运营的合法性和合规性。

法律合规风险应急预案的制订是高校应对突发法律问题的重要手段。高校在法律诉讼或合规性问题发生时，必须迅速采取有效措施进行应对。应急预案的制订需要考虑各种可能的法律风险情境，并为每种情境制定详细的应对策略。高校应建立专门的应急管理团队，负责协调和实施应急措施，确保在风险发生时能够迅速反应，最大限度地降低法律风险带来的损失。此外，应急预案还需要定期进行演练和更新，以确保其在实际应用中的有效性和可操作性。

四、内部审计在风险评估中的数据分析技术

（一）数据收集方法

数据收集在风险评估中扮演着至关重要的角色。为了确保数据的全面性和准确性，问卷调查的设计与实施是必不可少的。通过精心设计的问卷，能够有效覆盖高校的各个部门和职能，获取多维度的风险信息。这种方法不仅有助于识别各部门的独特风险，还能揭示出跨部门的风险关联。此外，问卷调查的实施应注重科学性和系统性，以保证数据的有效性和代表性。

数据挖掘技术的应用为风险评估提供了强有力的支持。通过对高校历史数据的深度分析，可以识别出潜在的风险趋势和异常模式。这种技术能够捕捉到传统方法难以发现的隐藏风险，为高校管理者提供前瞻性的风险预警信息。数据挖掘不仅提高了风险评估的精度，还增强了内部审计在风险管理中的预见性和主动性。

访谈法是另一种重要的数据收集方法，通过与相关利益相关者的深入交流，获取对风险的主观评估和见解。访谈法的优势在于能够获取定性的信息，这些信息往往是其他数据收集方法无法提供的。通过与高校各层级人员的对话，内部审计人员能够更好地理解风险的复杂性和多样性，从而为风险评估提供更为全面和深入的视角。

现场观察法直接观察高校的运营过程，是识别潜在操作风险和管理漏洞的有效手段。通过现场观察，审计人员能够直接感受到高校日常运营中的风险因素，发现管理流程中的薄弱环节。现场观察法不仅能验证其他数据收集方法的结果，还能为风险评估提供直观的证据支持，提升审计的客观性和可靠性。

（二）数据分析工具

数据分析工具在高校内部审计中扮演着关键角色。通过使用先进的数据分

析软件，内部审计人员能够进行复杂的数据统计分析与模型构建。这些工具不仅能够处理大量数据，还可以通过多种统计方法和模型，帮助审计人员深入理解高校运营中的各类风险因素。SPSS以其强大的统计分析功能著称，适合处理结构化数据，而R语言则以其灵活的编程能力和丰富的统计包，支持更为复杂的分析和定制化模型的开发。这些工具的使用，不仅提高了数据分析的效率，也增强了高校内部审计的科学性和准确性。

可视化工具的应用是提高风险信息传达效率的重要手段。通过使用Tableau和PowerBI等可视化软件，内部审计人员能够将繁杂的数据转化为直观的图表和仪表盘。这些可视化工具能够以动态和交互的方式呈现数据，使得管理层和其他利益相关者能够快速理解风险评估结果。Tableau以其灵活的拖曳式操作和丰富的图表类型，成为数据可视化的首选工具之一，而PowerBI则凭借与微软生态系统的紧密集成，提供了便捷的数据连接和分析功能。通过这些工具，审计人员不仅能提高报告的可读性，还能更有效地支持决策过程。

预测分析技术在高校风险评估中占据重要地位。通过机器学习算法，内部审计人员可以分析历史数据，预测未来的风险趋势。这些技术能够帮助识别潜在的风险，支持管理层提前制定应对策略。机器学习算法如决策树、随机森林和支持向量机等，能够从海量数据中挖掘出有价值的模式和趋势，从而为高校的风险管理提供前瞻性的支持。这种预测分析不仅提高了风险管理的主动性，也为高校的战略决策提供了科学依据。

文本分析工具的运用为识别潜在的合规风险和管理漏洞提供了新的途径。通过分析政策文件和审计报告中的文本数据，内部审计人员能够识别出潜在的风险点和管理上的薄弱环节。自然语言处理技术的进步，使得文本分析工具能够从非结构化数据中提取出有价值的信息，帮助审计人员更全面地了解高校的合规状况和管理水平。这种分析不仅有助于发现隐藏的风险，也为改进高校的管理流程提供了依据。

实时监控系统的建立是高校内部审计风险管理的前沿实践。利用大数据技术，对高校各项运营数据进行实时分析，能够及时发现异常情况并进行预警。这种实时监控系统通过对数据的持续采集和分析，帮助审计人员在风险发生的第一时间采取措施。实时监控不仅提高了风险管理的响应速度，也为高校的安全运营提供了坚实的保障。

（三）数据解读技巧

在高校的风险管理过程中，内部审计扮演着至关重要的角色，而数据解读技巧则是其中的核心环节。数据解读技巧不仅要求审计人员具备较高的专业素养，还需结合高校的具体环境和战略目标，进行全面、细致的分析。通过对数据的准确解读，审计人员能够识别出潜在的风险因素，为高校的管理层提供科学的决策依据。数据解读不仅是对已有数据的分析，更是对未来风险趋势的预测和判断，这对提升高校的风险管理能力至关重要。

在数据解读过程中，关键指标的选择尤为重要。选择合适的关键指标，可以有效反映高校风险管理的现状与趋势。这些指标不仅需要涵盖财务数据，还应包括非财务数据，如学生满意度、师资水平、科研成果等。通过对这些指标的深入分析，审计人员能够全面了解高校的风险状况，并为管理层提供有力的帮助。关键指标的选择不仅影响风险评估的准确性，还直接关系风险管理措施的有效性。

上下文分析是数据解读中的一个重要方面。高校的风险评估不能脱离其具体的环境和战略目标。审计人员在进行数据解读时，需结合高校的历史背景、发展现状和未来规划，提供更具针对性的风险评估。这种结合上下文的分析方法，能够帮助审计人员识别出那些隐藏在数据背后的风险因素，从而为高校的风险管理提供更为精准的建议。上下文分析不仅提高了数据解读的深度，还增强了风险评估的实用性。

多维度分析是数据解读过程中的一个关键环节。通过利用不同角度和层次的数据进行综合评估，审计人员能够更全面地揭示潜在的风险因素。这种多维度的分析方法，不仅能够识别出显性风险，还能揭示出那些潜在的、隐蔽的风险因素。多维度分析要求审计人员具备较强的数据分析能力和系统思维能力，以便在复杂的数据环境中，找到最具价值的信息，为高校的风险管理提供支持。

数据解读的结果呈现方式也是数据解读技巧中的重要组成部分。采用简洁明了的图表和报告，可以帮助管理层快速理解风险状况。通过有效的结果呈现，审计人员能够将复杂的风险信息转化为易于理解的视觉化内容，使管理层能够迅速掌握风险概况，并作出相应的决策。这种结果呈现方式，不仅提高了风险评估的效率，还增强了管理层对风险管理的重视程度。

第二节　内部审计在高校风险识别与应对中的策略

一、高校风险识别的关键要素

（一）风险来源分析

高校作为一个复杂的社会组织，风险来源多样且复杂。高校内部环境的变化是风险识别的首要因素。随着组织结构的调整和管理模式的转变，新的风险源不断涌现。例如，管理层级的增加可能导致决策链条的冗长，从而增加信息传递的风险。此外，管理模式的变化，如从传统管理向现代化管理的转型，也可能引发管理不当的风险。外部环境因素同样不可忽视。政策法规的变化可能直接影响高校的运营合规性，而经济形势的波动则可能对高校的财务稳定性产生重大影响。社会舆论的压力也可能对高校的声誉和社会责任感形成挑战。技术进步虽然推动了高校的发展，但也带来了新的风险。信息系统的安全漏洞和数据泄露事件频发，使得信息安全成为高校风险管理的重要方面。尤其是在大数据和人工智能技术广泛应用的背景下，数据隐私和安全问题更加突出。高校活动的多样性和复杂性在科研、教学和管理等方面表现得尤为明显。这些活动的多重叠加可能导致风险的交叉和累积。例如，科研项目的复杂性可能导致资金管理和知识产权保护方面的风险，而教学活动的多样化可能引发教学质量和学生管理的风险。利益相关者的期望和需求变化是高校风险识别中不可忽视的因素。学生、家长、教职工及社会公众对高校的期望不断提高，对高校的运营和管理提出了新的挑战。学生对教育质量的期望、家长对教育结果的关注、教职工对职业发展的需求以及社会公众对高校社会责任的要求，都可能成为高校风险管理的重要考量因素。

（二）风险类型分类

风险类型分类在高校风险管理中扮演着至关重要的角色。通过明确不同类型的风险，高校可以更有效地制定有针对性的策略，提高风险管理的整体效率。财务风险是高校面临的首要风险之一，通常表现为预算超支、收入不足及投资失误。这些财务问题可能导致高校财务状况的恶化，进而影响其正常运营和发展。因此，内部审计需要对财务风险进行严格监控和评估，确保高校的财务活动符合预算规划，并在必要时调整财务策略，以应对潜在的财务威胁。

学术风险是高校亟须关注的领域。课程设置不当、师资力量不足及科研方向偏离等问题，可能严重影响高校的学术声誉和竞争力。内部审计在此过程中，需协助高校识别和评估学术领域的潜在风险，通过定期审查课程设置和师资配置，确保其与高校的战略目标相一致。此外，内部审计还应关注科研项目的进展和方向，确保其符合学术发展的趋势和需求，避免因偏离主流而导致的学术风险。

运营风险源于高校日常管理和运营过程中的效率低下、流程不规范及资源配置不当。这类风险直接影响高校的整体运营效果。内部审计的任务是识别这些运营环节中的风险因素，通过优化管理流程、提高运营效率来降低运营风险。审计人员需要对高校的管理流程进行全面审查，识别出效率低下的环节，并提出改进建议，以确保高校资源的合理配置和高效利用。

合规风险是高校在政策法规变化或执行不力情况下面临的重大挑战，可能导致法律诉讼或处罚，影响其正常运营。内部审计在此方面的作用是确保高校的各项活动符合相关法律法规，通过定期审查和评估高校的合规性，及时发现和纠正潜在的合规问题。此外，审计人员还需关注政策法规的变化，帮助高校调整管理策略，以适应新的法律环境，降低合规风险。

声誉风险则因负面事件、舆论压力或不当行为，可能对高校的社会形象和公众信任造成损害。内部审计需要帮助高校识别可能影响声誉的风险因素，并制定相应的应对措施。

二、内部审计在风险识别中的方法应用

（一）数据分析技术

数据分析技术在高校风险识别中扮演着至关重要的角色。其核心在于通过量化数据来揭示潜在风险，为高校的风险管理提供科学依据。通过对大量数据的系统分析，审计人员能够识别出高校运营中潜在的风险因素。这种技术不仅提高了风险识别的准确性，还为高校风险管理决策提供了坚实的基础。

利用统计分析方法，内部审计可以识别高校内部和外部环境中可能存在

的风险因素。这些方法包括描述性统计、回归分析和时间序列分析等，通过对数据的深入挖掘，审计人员能够发现隐藏在复杂数据背后的风险信号。这种方法的应用，帮助高校更好地理解其所处的风险环境，并制定相应的风险应对策略。

数据挖掘技术的应用，使得从历史数据中提取风险模式和趋势成为可能。通过这种技术，审计人员可以识别出过去发生的风险事件的模式，从而预测未来可能出现的风险。这种基于历史数据的分析，不仅提高了风险识别的前瞻性，还为高校的风险预警提供了有力支持。

结合可视化工具，复杂的数据被转化为易于理解的图表，从而提高了风险识别的效率。通过直观的图形展示，决策者可以更清晰地看到风险的分布和变化趋势。这种可视化的方式，不仅提高了数据的可读性，还增强了高校管理层对风险的直观感受，为风险决策提供了重要参考。

（二）审计程序设计

审计程序设计是内部审计在高校风险识别中的重要工具。其目标明确性至关重要，确保审计活动能够聚焦高校风险识别的关键领域。通过明确的审计目标，审计人员能够更有效地识别潜在风险，提高审计效率。在高校环境中，风险因素多样且复杂，明确的目标有助于审计团队在有限的资源下，专注于对高校治理能力影响最大的风险领域，从而提高审计工作的针对性和实效性。

审计程序的系统性是设计过程中不可或缺的部分。系统性的设计应涵盖整体审计流程，包括准备、实施、报告和反馈等环节，形成闭环管理。这种设计不仅有助于确保审计活动的连贯性和完整性，而且能够通过反馈机制不断优化审计程序，提高审计工作的质量。在高校风险管理中，系统化的审计程序可以帮助识别和应对潜在的风险因素，确保高校在面对复杂多变的外部环境时，能够及时采取有效的风险管理措施。

灵活性是审计程序设计中的一个重要特性。高校的实际情况和外部环境变化多端，审计程序设计必须具有足够的灵活性，以便根据新兴风险及时调整审计策略和方法。灵活的审计程序可以确保审计活动始终与高校的风险管理需求保持一致，及时应对新的挑战和变化。这种灵活性不仅体现在审计策略的调整上，还包括对审计方法和工具的更新，以适应不断变化的风险环境。

标准化的审计程序是确保审计工作规范性和可重复性的关键。通过制定统一的审计流程和操作规范，审计活动可以在不同时间和环境下保持一致性，提高审计结果的可靠性。在高校风险识别中，标准化的程序有助于减少审计工作中的主观偏差，确保审计结论的客观性和准确性。此外，标准化的程序还可以作为培训新审计人员的基础，提高整个审计团队的专业水平。

审计程序的多层次参与是实现全面和有效风险识别的保障。鼓励各部门及利益相关者参与风险识别和审计过程，不仅促进了信息共享和协同工作，还增强了审计的全面性和有效性。通过多层次的参与，高校可以充分利用各方的专业知识和经验，提高风险识别的准确性和审计工作的整体质量。

（三）风险评估模型

风险评估模型在高校风险管理中扮演着关键角色。它通过系统化的分析和评估，帮助高校识别潜在风险，制定应对策略。模型的构建需要遵循科学性、系统性和可操作性原则，以确保评估结果的准确性和有效性。科学性要求模型基于严谨的理论基础和数据支持，确保评估过程的客观性和可信度。系统性则强调模型的全面性，能够覆盖高校运作的各个方面，识别多种类型的风险。可操作性意味着模型应易于理解和使用，便于在实际操作中推广和应用，从而提高高校风险管理的效率。

风险评估模型的分类是根据风险特征和来源进行的，主要分为定量模型和定性模型。这种分类方法使得模型能够适应不同类型风险的评估需求。定量模型通常用于处理可以量化的风险，如财务风险，通过数学计算和统计分析来评估风险的可能性和影响程度。定性模型则适用于那些难以量化的风险，如学术风险和声誉风险，通过专家评估和情景分析等方法进行识别和分析。两种模型各有优劣，通常需要结合使用，以便全面识别和应对高校面临的复杂风险环境。

风险评估模型的参数设置是模型设计中的关键环节。明确模型中各项参数的定义与计算方法是确保风险评估结果合理性和可信度的基础。参数设置需要考虑高校的具体环境和风险特征，确保模型能够准确反映实际情况。合理的参数设置不仅能提高模型的预测能力，还能为决策者提供更具参考价值的信息。在设定参数时，应充分利用历史数据和专家意见，并进行多轮验证和调整，以优化模型的性能和适用性。

风险评估模型的应用场景包括财务风险、学术风险及合规风险等具体领域。模型在不同领域的适用性与效果各异，需要根据具体情况进行调整和优化。在财务风险管理中，模型可以帮助识别潜在的资金流动问题和预算超支风险。在学术风险管理中，模型可以用于评估科研项目的可行性和潜在学术不端行为。在合规风险管理中，模型可以识别政策法规变动带来的合规风险。这些应用场景展示了风险评估模型在高校治理中的广泛应用和重要作用。

风险评估模型的动态调整机制是确保模型长期有效性的关键。高校面临的风险环境是动态变化的，模型需要具备灵活性，能够根据环境变化和新兴风险进行及时更新与优化。这不仅要求模型具备良好的适应性，还需要建立定期评估和调整机制，以便在风险环境发生变化时，快速响应并调整模型参数和结构。

三、高校风险应对策略的制定

（一）风险规避策略

高校在风险管理中，风险规避策略是确保校园安全与稳定的重要手段。首先，明确高校风险规避的政策框架至关重要。制定相关规章制度能够为风险管理实践提供清晰的指导方向，确保各项风险规避措施的有效落实。政策框架的建立需要结合高校的实际情况，综合考虑可能面临的各类风险，包括财务、法律、环境及信息安全等方面的风险。通过系统化的政策设计，高校能够在风险发生前采取预防措施，降低风险对学校正常运作的影响。

在风险规避过程中，加强对风险源的监测与识别是关键一步。通过建立完善的风险监测机制，高校可以在风险萌芽阶段就进行识别与评估，从而及时调整管理策略以避免潜在风险的发生。风险监测不仅限于内部环境的观察，还需关注外部环境变化对高校的影响。定期开展风险评估，利用数据分析技术，对风险源进行深入剖析，有助于高校管理层在决策时更加科学和精准，减少因信息不对称而导致的决策失误。

多方协作是高校风险规避策略成功实施的重要保障。建立跨部门的风险沟通机制，能够确保信息共享与快速响应，提升风险管理的整体效能。在实际操作中，各部门需要打破信息孤岛，积极参与风险管理的各个环节中。通过设立专门的风险管理委员会或工作小组，促进部门间的协调与合作，形成合力应对风险的良好局面。跨部门协作不仅能提高风险识别的准确性，还能有效整合资源，提高风险应对的效率。

风险评估与审计是风险规避策略中的重要环节。通过实施定期的风险评估与审计，高校能够及时发现并消除可能导致风险的管理漏洞。审计工作需要独立、客观，以确保其结果的公正性和可靠性。通过风险审计，管理层可以获得关于风险管理现状的全面反馈，进而调整和优化风险规避策略。风险评估与审计不仅是对过去工作的总结，更是未来风险管理的指引。

（二）风险转移策略

风险转移策略在高校风险管理中扮演着关键角色，通过合理的风险转移，能够有效降低高校在风险事件中的损失。制定风险转移协议是实施风险转移策略的首要步骤。协议中应明确各方在风险事件发生时的责任和义务，确保各方在风险事件中能够各司其职，减少高校在事件中的损失。协议的制定需要充分考虑风险的性质、可能的后果以及各方的承担能力，以确保在风险事件发生时，责任分配清晰，行动迅速，从而最大限度地减少损失。

购买保险是高校进行风险转移的常见方式之一。通过保险，高校能够将潜在的财务风险转移给保险公司，在意外事件发生时获得经济补偿。保险不仅是财务保障的手段，也是高校财务稳定的重要支持。高校在选择保险产品时，需要根据自身的风险特征和财务状况，选择合适的保险种类和额度，以确保在风险事件发生时能够获得足够的补偿。同时，定期审查和更新保险策略，以适应不断变化的风险环境。

与外部专业机构合作是高校管理特定风险的重要策略。外部专业机构拥有丰富的专业知识和资源，可以为高校提供风险评估、管理和控制方面的支持。通过合作，高校能够减轻自身的风险管理负担，提升风险管理的效率和效果。在选择合作伙伴时，高校需要评估机构的专业能力、信誉和过往业绩，以确保合作的有效性和安全性。同时，明确合作的范围和目标，确保合作能够为高校带来实质性的风险管理收益。

建立风险转移的评估机制是确保风险转移策略有效性的关键。高校应定期评估风险转移策略的执行情况和效果，分析其在实际应用中的表现。评估机制应包括对策略适应性的检查，以确保其能够适应高校环境和外部条件的变化。通过评估，高校能够及时发现策略中的不足，进行调整和优化，提高风险转移的有效性和可靠性，从而增强整体风险管理能力。

推动风险共享机制的建立是提升高校整体抗风险能力的重要手段。高校可以与其他高校或机构联合，共同承担某些风险，分散单个高校的风险压力。通过风险共享，参与方能够共同面对和解决风险问题，提升整体的抗风险能力。

在风险共享机制的设计中，需要明确各方的责任和利益分配，确保机制的公平性和可持续性。

（三）风险减缓策略

风险减缓策略在高校风险管理中具有重要作用，它不仅能降低潜在风险的影响，还能提高高校的管理水平和应对能力。建立完善的风险监测系统是实施风险减缓策略的关键步骤。通过定期评估和实时监控，高校可以及时识别潜在风险，并作出迅速反应。这种机制确保了高校管理的敏捷性和适应性，使得在面对不断变化的外部环境时，能够保持稳定和高效的运作。风险监测系统的建立，需要结合先进的数据分析技术和信息系统，以实现对风险的全面监控和动态管理。

制订和实施风险应急预案是高校风险减缓策略的重要组成部分。应急预案的存在，使高校在突发事件发生时，能够迅速采取有效措施，将损失和影响降至最低。应急预案的设计应考虑到各种可能的风险情景，并制定相应的应对策略。此外，定期演练和更新应急预案，确保其在实际应用中具备可操作性和有效性。在实施过程中，内部审计部门可以发挥监督和指导作用，确保预案的科学性和合理性。

加强跨部门协作与信息共享是提高整体风险管理效率的重要手段。高校中各部门的职能和任务不同，信息孤岛现象严重影响了风险管理的整体性。通过建立信息共享平台和跨部门协作机制，可以促进各部门之间的沟通与协作，形成风险管理的合力。内部审计部门可以在此过程中扮演协调者和推动者的角色，确保信息流通的畅通和协作机制的有效运行。

开展定期的风险培训与宣传活动，是提升全校师生风险意识和应对能力的重要举措。高校应通过多种形式的培训和宣传活动，增强师生对风险管理的重视，培养其识别和应对风险的能力。这种良好的风险管理文化，不仅有助于提高全校的风险管理水平，还能增强高校的整体抗风险能力。内部审计部门可以参与培训活动的设计和实施，提供专业的指导和支持。

利用数据分析与技术手段，优化风险识别与评估流程，是提高风险管理科学性和准确性的有效途径。通过大数据分析、人工智能等先进技术手段，高校可以更为精准地识别和评估风险。这不仅提高了风险管理的效率，也增强了高校的抗风险能力。内部审计部门在这一过程中，可以提供技术支持和专业建议，确保风险管理流程的优化和改进。

四、内部审计在风险应对中的支持作用

（一）风险监控机制

有效的风险监控机制在高校的风险管理中扮演着至关重要的角色。建立健全的风险监控指标体系是高校风险管理的基础。通过明确各类风险的监测指标和预警机制，学校能够更好地识别和评估潜在风险。这一体系的建立不仅需要对高校内部环境的深入分析，还需借鉴国内外高校的先进经验，以确保其科学性和实用性。通过合理的指标设计和预警机制，学校可以在风险发生的初期阶段就进行有效干预，避免风险的扩大化和复杂化。

在风险监控机制的实施中，定期的风险评估与审计是确保其有效性和适应性的关键。通过定期审查和评估，学校可以及时发现监控机制中的不足，并进行必要的调整和优化。这种动态的风险管理策略使得高校能够在不断变化的外部环境中保持灵活性和敏捷性。同时，定期的审计活动还可以为学校提供关于风险管理实践的反馈，帮助学校在整体战略层面进行更为准确的决策。

信息技术手段的运用为高校风险监控机制的现代化提供了强有力的支持。通过构建实时监控系统，高校可以实现对各项运营数据的动态分析与风险预警。这种基于大数据分析的监控系统能够快速识别异常数据和潜在风险，为管理层提供及时、准确的风险信息。信息技术的应用不仅提高了风险监控的效率，还增强了风险管理的精准度，使得高校能够在信息化时代更好地应对复杂的风险环境。

跨部门的信息共享与协作是提升高校整体风险反应能力的重要保障。通过建立高效的信息共享机制，各个部门可以及时获取相关的风险监控信息，增强对风险的敏感度和提高对风险的反应速度。这种协作机制不仅有助于各部门之间的沟通与协调，还能够形成合力，提高风险应对的整体效果。同时，信息共享还可以促进高校内部审计与其他管理职能的融合，形成更为全面的风险管理体系。

风险监控培训的定期组织是提升高校相关人员风险识别与应对能力的重要

手段。通过系统的培训，学校可以提高员工的风险意识和管理技能，增强其在实际工作中的风险应对能力。这不仅有助于提升个人的专业素养，还能在全校范围内营造良好的风险管理文化。

（二）风险应对评估

内部审计在高校风险管理中的应用具有重要意义，尤其是在风险应对评估方面。风险应对评估的核心在于系统性地分析和评价高校在面对特定风险时所采取的应对措施的有效性与适应性。这一过程不仅是对现有策略的一次全面审视，更是提升高校治理能力的关键环节。通过评估，可以确保高校在复杂多变的环境中，始终保持战略上的清晰和操作上的灵活，从而有效应对各种潜在风险。

在风险应对评估中，量化分析是必不可少的工具。通过对风险应对策略实施效果的量化分析，可以判断这些策略在降低风险发生概率和影响程度方面的实际贡献。这种分析不仅可以揭示策略的优缺点，还可以为决策者提供数据支持，使其在制定和调整风险管理策略时更具科学性和针对性。量化分析的结果是高校风险管理的“晴雨表”，为管理层提供了明确的改善方向和行动指南。

建立反馈机制是风险应对评估的重要组成部分。通过及时收集各部门在风险应对过程中的经验和教训，评估可以为后续的风险管理提供参考和改进依据。反馈机制的有效运作能够促进经验的分享和知识的积累，形成高校内部风险管理的良性循环。这不仅提高了风险管理的效率，也增强了全校上下对风险管理的理解和重视，推动高校治理能力的整体提升。

在进行风险应对评估时，需特别注意外部环境变化对高校风险管理策略的影响。高校所处的环境是动态的，外部政策、经济形势、科技进步等因素都会对其风险管理产生深远影响。因此，评估过程中必须确保应对措施的灵活性和前瞻性，以便及时调整策略应对外部环境的变化。这种灵活性不仅体现在策略的调整上，也体现在高校资源的高效配置和风险管理的整体规划中。

评估过程中应重视内部审计在风险应对中的支持作用。内部审计通过其独特的视角和专业技能，能够有效促进风险识别、监控和应急响应的各个环节。其支持作用不仅体现在评估的技术层面，更在于其对高校风险管理文化的塑造和推动。通过内部审计的介入，高校可以更好地识别潜在风险，监控风险管理过程中的关键节点，并在风险事件发生时迅速响应，确保高校治理能力的现代化。

第三节 内部审计在高校风险预警与监控中的实践

一、内部审计在风险预警机制中的应用

（一）预警指标体系设计

在高校风险管理中，设计有效的预警指标体系是内部审计的关键任务之一。该体系的设计需要考虑多方面的因素，以确保其能够全面覆盖高校面临的各类风险。预警指标的定义与分类是设计的首要步骤，通过明确不同类型的风险，如财务、学术和合规风险等，来确定相应的预警指标。这些指标的设定不仅要反映出风险的多样性，还要能够准确捕捉风险的潜在变化趋势。通过分类，管理者可以更有针对性地进行风险监控和应对。

预警指标的量化标准是确保风险管理可操作化的重要环节。建立可量化的指标体系，可以为风险的实时监控和评估提供明确的基准。这些量化标准需要经过科学的研究和验证，以确保其在实际应用中具有可行性和有效性。量化标准的制定不仅可以提高风险识别的准确性，还能为高校管理层提供更为直观和易于理解的风险信息，从而支持更为及时和有效的决策。

在动态的高校环境中，预警指标的动态调整机制显得尤为重要。高校的内外部环境不断变化，预警指标体系必须具备灵活性以适应这些变化。通过建立动态调整机制，可以在环境或条件发生变化时，及时更新和优化预警指标。这种机制的建立需要依赖对高校环境变化的敏锐感知和对风险管理的深刻理解，以确保预警体系始终保持其前瞻性和适应性。

预警指标的数据来源是支撑整个指标体系有效运作的基础。为了获取准确和及时的数据，必须确定各类指标所需的数据采集方法。常用的方法包括问卷调查、数据挖掘等，这些方法需要根据指标的具体需求进行选择和组合。数据的质量直接影响预警指标的可靠性，因此在数据采集过程中，必须严格控制数据的来源和质量，确保所获得的数据能够真实反映风险状况。

（二）预警信号识别

在高校风险管理的过程中，预警信号识别是内部审计的重要组成部分。通

过识别财务异常信号，审计人员能够及时预警潜在的财务风险。例如，预算超支和收入波动往往是财务异常的典型信号，这些信号的出现可能预示着高校在资金使用和收入来源方面存在潜在问题。通过对这些信号的识别和分析，内部审计可以帮助高校管理层采取及时的措施，以防止财务风险的进一步扩大。

内部审计在监测学术活动中的质量指标方面发挥着重要作用。教学和科研是高校的核心职能，其质量直接影响高校的声誉和发展。通过识别教学和科研中可能出现的学术不端或质量下降的信号，内部审计可以协助高校建立有效的质量保障机制。这不仅有助于维护高校的学术声誉，还能促进高校在教学和科研方面的可持续发展。

合规性风险分析是内部审计在高校风险预警中的一个重要领域。随着政策法规的不断变化，高校面临的合规性风险也在增加。通过监控政策法规的变化，内部审计可以及时识别可能导致合规性问题的信号，并为高校提供应对建议。这种及时的预警机制能够帮助高校在复杂的政策环境中保持合规，避免因政策变动而导致的风险。

在评估运营效率指标方面，内部审计通过识别流程不规范或资源配置不当的信号，提升高校的整体管理效能。高校的运营效率直接关系到其资源的利用和管理水平。通过对运营效率指标的分析，内部审计能够发现管理流程中的不足，并提出改进建议，从而帮助高校优化资源配置，提高管理效能。

关注利益相关者反馈是内部审计在风险预警中的一个重要方面。高校的利益相关者包括学生、教职工及社会公众，他们的反馈往往反映了高校在管理和服务方面的实际情况。通过及时识别来自这些群体的负面舆论和期望变化的信号，内部审计可以帮助高校调整其管理策略和服务质量，以更好地满足利益相关者的需求。这不仅有助于增强高校的社会影响力，也能促进其内部治理的现代化。

（三）预警报告生成

在高校风险管理中，预警报告的生成是内部审计的重要实践。预警报告的结构设计是其核心环节，必须确保包括风险概述、预警信号分析及应对建议等关键内容。这种结构设计有助于管理层快速理解风险情况，并采取相应措施。风险概述部分应简明扼要地描述当前风险态势，而预警信号分析则需细致入微，识别出潜在风险及其可能的影响。最后，应对建议部分则需提供切实可行的行动方案，帮助管理层在风险发生前采取预防措施。

预警报告的数据来源整合是确保其全面性与准确性的关键。内部审计需要结合多种数据来源，包括内部审计数据、财务数据及外部环境信息。通过整合这些数据，预警报告不仅能反映高校内部的风险状况，还能将其置于更广阔的外部环境中进行分析，从而提供更为全面的风险评估。这种多维度的数据整合能力，要求内部审计人员具备较强的数据分析和信息整合能力，以便为管理层提供有价值的风险预警信息。

时效性是预警报告的一个重要要求。为确保管理层能够在适当时间内获取最新的风险预警信息，内部审计需要制定定期发布机制。这一机制不仅要求预警报告能够及时反映最新的风险动态，还需确保报告的频率与高校管理节奏相适应。通过定期发布，管理层可以在风险发生前作出及时反应，从而有效降低风险带来的不利影响。

预警报告的可视化呈现是提高其易读性和信息传达效率的有效手段。采用图表和仪表盘等形式，可以直观地展示风险信息，使管理层能够快速理解复杂的数据和分析结果。可视化工具的使用，不仅提高了报告的可读性，还增强了信息的传达效果，使得管理层能够更高效地进行风险决策。

二、内部审计在风险监控流程中的角色

（一）监控流程设计

监控流程设计在高校风险管理中扮演着至关重要的角色。其核心在于通过系统化的流程来识别、评估和监控潜在风险，以提高高校的治理能力和管理效率。

明确监控流程的目标是设计的起点。目标设定需与高校整体战略相一致，关注如何通过风险监控提高治理能力和管理效率。这样的目标不仅为监控流程提供了明确的方向，也为后续的指标选择和数据分析奠定了基础。

监控指标的选择与设计是风险监控流程的关键环节。高校的风险特征各异，因此需要根据具体情况制定适合的监控指标体系。这一体系应当全面覆盖可能影响高校运作的各类风险因素，如财务风险、学术风险、法律风险等。指标设计不仅要考虑全面性，还需确保其可测量性和可操作性，以便于实际应用中进行有效的监控和评估。通过科学合理的指标体系，高校能够更精准地捕捉风险信号，及时采取应对措施。

监控数据的收集与分析是确保风险监控流程有效性的基础。建立系统化的数据收集机制，能够保证数据的准确性和及时性。数据的准确性直接影响风险评估的可靠性，而及时性则决定了高校应对风险的速度。通过先进的数据分析工具和技术，内部审计人员可以从海量数据中提取有价值的信息，识别潜在风险，从而为管理层提供决策支持。

监控反馈机制的建立是风险监控流程中不可或缺的一环。有效的反馈机制能够确保监控结果及时传递给管理层，以便快速响应和调整策略。在反馈机制设计中，需要考虑信息传递的速度和准确性以及管理层对反馈信息的接收和处理能力。通过建立畅通的反馈渠道，高校能够在风险发生的初期就采取措施，降低风险对学校的负面影响。

（二）监控工具应用

在高校的风险监控流程中，监控工具的应用至关重要。实时数据监控工具的应用为高校运营提供了坚实的技术支持。通过自动化系统，这些工具能够实时收集和分析高校的运营数据，使潜在风险能够被及时识别。这种实时监控不仅提高了风险识别的效率，还为管理层提供了及时的决策依据，确保高校在复杂多变的环境中保持稳健的运营。此外，这些工具的应用也推动了高校内部审计从传统的事后审计向事前预警和事中监控的转变，提升了风险管理的前瞻性。

风险监控仪表盘的建立是高校风险管理中的一项重要实践。通过利用可视化工具，将关键监控指标整合在一个界面上，管理层能够快速掌握风险状况。这种可视化的方式不仅提高了信息获取的效率，还增强了风险信息的直观性，使管理层能够更好地理解和分析风险数据。这种直观的展示方式有助于管理层在面对复杂数据时作出更明智的决策，确保高校在风险管理中保持主动。此外，风险监控仪表盘还可以根据不同的需求进行定制，满足不同层级管理者的个性化需求。

数据分析软件的使用在高校风险监控中扮演了重要角色。借助 SPSS、R 等工具，高校能够进行复杂数据的统计分析，支持风险识别和决策制定。这些软件不仅能处理大量数据，还能通过多种分析模型提供深度的风险洞察，帮助高校管理层识别潜在风险和趋势。通过这些分析工具，内部审计人员能够更准确地评估风险状况，并为管理层提供基于数据的建议，从而提高决策的科学性和有效性。这种数据驱动的风险管理方式，为高校的可持续发展提供了重要保障。

风险预警系统的构建是高校风险管理的重要组成部分。基于设定的监控指标和阈值，这些系统能够自动触发预警机制，提示管理层关注潜在风险。这种自动化的预警机制不仅提高了风险识别的及时性，还减少了人为因素对风险判断的影响。通过设定合理的阈值，风险预警系统能够有效过滤噪声信息，确保管理层只关注真正重要的风险事件。这种机制的建立，为高校的风险管理提供了一个可靠的“安全网”，确保在复杂的环境中能够及时应对各种风险挑战。

三、内部审计信息系统的建设与优化

（一）系统需求分析

在高校内部审计信息系统的建设中，系统需求分析是一个关键步骤。明确系统的功能需求是首要任务，系统需具备风险识别、监控、预警和报告生成等核心模块，以便全面支持高校的风险管理工作。这些模块不仅要能够及时识别潜在风险，还需提供实时监控和预警功能，以便在风险发生前采取有效的防范措施。此外，报告生成功能则为管理层提供了决策支持的依据，确保风险管理的科学性和及时性。

评估信息系统的技术架构是系统需求分析的一个重要内容。系统必须具备数据集成、实时分析和可扩展性，以适应高校复杂多变的环境。数据集成能力确保系统能够从不同来源获取数据，实现数据的综合分析。实时分析功能则支持对风险的快速响应，而可扩展性则为未来的系统升级和功能扩展提供了保障，使系统能够灵活应对高校日益增长的多样化需求。

用户权限管理机制的确定是系统需求分析中的重要环节。高校内部审计信息系统涉及多个层级和部门的用户，因此需要设计合理的权限管理机制。通过角色分配和权限设置，确保不同用户能够根据其职责和权限获取相应的信息和功能。这不仅提高了系统的安全性，还能防止信息的滥用和泄露，保障审计工作的顺利进行。

系统的用户界面设计是影响用户体验的重要因素。在设计过程中，应注重用户体验，以提高审计人员和管理层的操作效率和信息获取的便捷性。直观的界面设计和友好的交互方式能够有效降低用户的学习成本，提高系统的使用率和满意度。此外，良好的用户体验还能够增强系统的整体效能，促进高校风险管理工作的开展。

建立系统的数据安全和隐私保护措施是保障信息安全的基础。高校内部审计信息系统处理大量敏感信息，因此必须确保信息的安全存储和传输。通过采用先进的加密技术和访问控制机制，防止数据泄露风险，保障高校的声誉和利益不受损害。

（二）系统功能模块设计

系统功能模块设计是内部审计信息系统建设的核心环节，旨在通过科学合理的模块划分和功能设计，提高高校风险管理的效率。在系统功能模块设计中，需要明确各模块的功能定位与相互之间的关系，确保系统的整体协调性与功能的完备性。模块设计的合理性直接影响系统的实用性和用户体验，因此在设计过程中应充分考虑用户需求和实际应用场景，结合高校的特定管理需求，设计出符合实际的功能模块。

风险识别模块是系统功能模块设计中的关键组成部分，它支持多维度的数据输入与分析，帮助审计人员识别潜在风险源及其影响程度。在高校风险管理中，风险的识别是风险管理的起点，只有准确识别风险，才能制定有效的应对措施。风险识别模块通过整合多种数据来源，利用数据挖掘和分析技术，提供详尽的风险分析报告，帮助管理者全面了解风险状况。这一模块的建设需要结合高校的具体管理特点，设计出适用的风险识别模型和分析算法，以提高风险识别的准确性和效率。

实时监控模块是内部审计信息系统中不可或缺的部分，它提供对关键风险指标的动态监测，确保及时发现异常情况并触发预警机制。在高校管理中，风险的动态变化和突发事件的发生往往难以预测，因此，实时监控模块通过对关键指标的持续监测，可以及时捕捉风险信号，触发系统的预警机制。这一模块需要具备高效的数据处理能力和灵活的预警设置，以适应不同风险场景的需求，确保管理层能够在风险发生的第一时间得到通知，并采取相应措施。

预警报告生成模块的设计旨在实现风险预警报告的自动化生成，报告中包含风险分析、应对建议及可视化数据，便于管理层快速决策。在高校风险管理中，预警报告是管理层了解风险状况、制定应对策略的重要依据。通过自动化生成报告，可以减少人工操作的错误，提高报告的准确性和时效性。该模块需要具备强大的数据处理和分析能力，能够根据不同的风险场景生成相应的报告格式，并提供直观的可视化数据展示，帮助管理者快速理解风险信息。

数据共享与协作模块在系统功能模块设计中发挥着重要作用，它促进各部门之间的信息共享，支持跨部门协作，提高整体风险管理效率。在高校中，风险管理往往涉及多个部门的协作，因此，信息的共享和协作的效率直接影响风险管理的效果。该模块通过建立统一的信息共享平台，实现数据的无缝流通，支持各部门在风险管理中的协同工作，确保风险信息的及时传递和有效利用。

用户权限管理模块确保系统使用的安全性与合规性，依据不同角色设置相应的访问权限与功能操作。在高校风险管理中，系统的安全性和合规性是信息化建设的重要保障。用户权限管理模块通过对用户角色的精细化管理，确保系统的各项功能只能被授权用户访问和操作，避免因权限设置不当导致的信息泄露和操作风险。

（三）系统安全保障

在高校风险管理中，内部审计信息系统的安全保障是确保信息系统稳定运行的关键。系统安全保障不仅是技术层面的需求，也是高校治理能力现代化的重要组成部分。高校内部审计信息系统的安全性直接影响风险管理的有效性和准确性，因此，系统安全保障成为高校内部审计实践中的重要环节。

为了确保系统的安全性，建立多层次的身份验证机制是至关重要的。通过这种机制，系统能够有效地识别和验证用户身份，确保只有授权用户能够访问内部审计信息系统，从而防止未授权的访问和数据泄露。这种机制不仅可以保护系统的完整性和机密性，还能增强用户对系统安全的信任。此外，身份验证机制的多层次设计能够有效地应对不同层级用户的访问需求，确保系统的灵活性和安全性。

数据加密技术的实施是系统安全保障的一次重要措施。在信息时代，数据的安全性受到极大的关注，尤其是涉及高校内部审计的敏感信息。通过数据加密，系统能够在信息存储和传输过程中提供额外的安全层，降低数据被窃取的风险。这不仅保护了高校的内部信息，还维护了信息的保密性和完整性。数据加密技术的应用需要结合高校的信息化建设需求，确保其有效性和适用性。

系统安全审计与漏洞评估是确保系统安全的常规手段。通过定期的安全审计，系统能够及时发现潜在的安全隐患，并通过漏洞评估来识别系统中的弱点。安全审计与漏洞评估的结合能够提升系统的整体安全防护能力，为高校内部审计的信息系统提供坚实的安全保障。高校应建立完善的安全审计机制，定期进行系统检查，以确保系统的安全性和稳定性。

应急响应机制的建立是系统安全保障的必要组成部分。在信息系统运行过程中，安全事件的发生不可避免，因此制定系统安全事件的应对流程显得尤为重要。通过建立应急响应机制，高校能够在发生安全事件时迅速采取措施，减少损失。这不仅提高了系统的反应速度，也增强了高校对安全事件的处理能力，进一步保障了系统的安全运行。

四、内部审计在风险应急响应中的支持

（一）应急预案制订

在高校风险管理中，应急预案的制订是内部审计支持风险应急响应的关键环节。应急预案的目标与范围需要明确，以确保能够涵盖各种潜在的风险类型和适当的应对措施。通过这种方式，高校能够在面对不同的风险事件时，快速而有效地进行响应。内部审计在此过程中发挥着重要的作用，通过对风险类型的识别和分析，协助制定全面的预案框架，从而为高校的安全稳定运行提供保障。

应急预案的组织结构是确保应急响应顺利进行的基础。设定明确的应急响应团队职责和分工，能够在突发事件发生时，保证各方迅速协作。内部审计在此方面的贡献在于，通过对高校内部流程和资源的全面了解，协助设计高效的组织结构，确保每个团队成员在应急情况下都能明确自己的角色和任务。这种结构化的管理模式，有助于提高应急响应的效率。

有效的沟通机制对于应急预案的成功实施至关重要。建立信息传递和反馈渠道，确保在危急情况下各相关方能够及时获取信息并进行有效沟通，是内部审计的重要任务之一。通过定期的沟通机制测试和评估，内部审计能够确保信息流畅无阻，并在必要时提出改进建议，以优化应急响应的沟通流程。这种机制不仅提高了信息的透明度，还增强了各部门之间的协作能力。

应急预案的演练与评估是确保其可行性和有效性的必要步骤。定期组织模拟演练，可以检验预案的实际操作性，并根据演练结果进行必要的调整和优化。内部审计在演练过程中，负责评估各个环节的表现，并提出改进意见，以提升整体应急能力。通过这种方式，高校能够在真实危机来临时，做到有备无患，从容应对。

（二）应急响应协调

在高校风险管理中，内部审计对于风险应急响应的支持至关重要，尤其是在应急响应协调方面。应急响应协调的组织结构必须明确，设定各部门在突发事件中的具体职责与分工，以确保反应迅速、有效。这种明确的组织结构有助于在危急时刻各部门能够迅速进入状态，减少因职责不清导致的混乱和延误。通过设定清晰的分工，各部门能够在各自的职责范围内高效运作，确保应急响应的整体效率和效果。

建立应急响应的沟通机制非常重要，确保信息能够在各相关方之间快速传递，减少信息滞后造成的响应延误。信息在应急响应中的及时性至关重要，任何信息的滞后都可能导致决策的延误和响应的不及时。通过建立高效的沟通机制，可以确保各部门在第一时间获取必要的信息，从而作出快速的响应决策，减少突发事件带来的不利影响。

制订应急响应的资源调配方案是保障应急响应成功的关键环节。确保在危机发生时，能够迅速调动必要的人力、物力和财力资源进行应对。资源的快速调配是应急响应的基础，只有在资源充足且配置合理的情况下，才能有效应对各种突发事件。通过预先制订详细的资源调配方案，可以在危急时刻快速响应，最大限度地减少损失。

定期进行应急响应的演练是检验协调机制有效性的重要手段，确保在实际事件中各方能够熟练协同作战。通过演练，各部门可以熟悉应急响应的流程和各自的职责，发现并解决潜在的问题和不足。演练不仅是对现有机制的检验，更是对人员应急能力的提升，确保在真正的危机中，各方能够从容应对。

（三）应急措施评估

在高校的风险管理中，内部审计对于应急措施的评估具有重要作用。应急措施的有效性评估是其中的关键环节，通过分析各项应急措施在实际事件中的执行效果，可以判断这些措施在降低损失方面的贡献。这种评估不仅有助于识别现有应急措施的优劣，还为未来的改进提供了依据。有效性评估需要结合具体事件的背景和影响，全面分析措施的实施结果，以确保应急管理的科学性和可靠性。

应急响应时间的监测也是应急措施评估的重要组成部分。通过评估各项措施从启动到实施的时间效率，可以发现流程中的瓶颈和不足，从而为优化未来的应急响应流程提供数据支持。时间效率的提高不仅能提高应急响应的及时性，还能在紧急情况下有效减少损失。内部审计在此过程中，扮演着监察和建议的角色，确保各项应急措施能够在规定时间内高效执行。

应急措施的适应性分析则关注于应急响应在不同情境下的灵活性和适用性。这一分析旨在确保应急措施能够应对多样化的风险情境，而不是局限于单一的风险类型。通过对不同情境下措施效果的比较，可以识别出措施的适用范围和局限性。内部审计通过对适应性的分析，帮助高校在多变的风险环境中保持应急管理的有效性和灵活性。

应急措施的资源利用效率评估是从资源配置的角度出发，分析在应急响应中人力、物力和财力的配置情况。合理的资源配置能够提高应急响应的效率，避免资源的浪费和不足。内部审计在这一评估中，关注资源的合理分配和使用效率，提出优化建议，以确保应急管理的资源投入与产出成正比，提高整体的应急管理水平。

第四章　内部审计与高校内部控制的协同作用

第一节　内部审计在高校内部控制设计中的作用

一、内部审计在风险评估中的应用

（一）风险识别方法

风险识别方法是高校内部审计在风险评估中的重要环节。定性分析法通过专家访谈和问卷调查等方式，识别潜在风险因素，获取相关人员的意见和建议。这种方法通过与高校管理层、教职工以及其他利益相关者的深入交流，能够全面了解高校内部控制环境中的潜在风险因素。这不仅包括财务风险，还涵盖学术诚信、校园安全等非财务风险。通过定性分析法，内部审计人员能够更好地把握高校运营中的复杂性和独特性，从而为风险管理提供更为全面的视角。

定量分析法则利用数据统计和模型分析等手段，评估风险发生的概率和影响程度，量化风险水平。高校内部控制的复杂性要求风险评估不仅停留在定性层面，还需通过定量分析提供更加精确的风险评估结果。这种方法通过对历史数据的分析，结合先进的统计模型，能够帮助高校更准确地预测风险发生的可能性及其潜在影响。定量分析法的应用使高校能够在风险管理中采取更加科学和系统的决策，增强内部控制的有效性。

流程图绘制是一种重要的风险识别方法。通过采用流程图工具对高校内部控制流程进行可视化，识别流程中的薄弱环节和潜在风险点。这种方法不仅有助于理解和分析复杂的内部控制流程，还能够帮助审计人员发现流程中的漏洞和不足。通过流程图，审计人员可以直观地了解各个控制环节之间的关系，从而更有效地识别和评估风险。这种可视化的方式为高校的内部控制设计提供了重要的支持。

关键风险指标（KRI）的设定是风险识别方法中不可或缺的一环。依据高校特有的运营特点，制定适合的 KRI，实时监控风险变化。KRI 的设定需要结合高校的具体运营环境和战略目标，以确保其能够有效反映风险的动态变化。

通过对 KRI 的实时监控，高校可以及时发现风险变化的趋势，并采取相应的措施进行应对。这种实时监控的机制能够显著提高高校风险管理的敏捷性和响应速度。

情景分析法通过构建不同情境下的风险模型，评估在特定情况下可能出现的风险及其影响。高校运营中常常面临不确定性和多变的外部环境，情景分析法能够帮助审计人员在不同情境下模拟风险的发生及其可能的后果。这种方法不仅提高了风险评估的全面性，还为高校在制定内部控制策略时提供了多种可能的应对方案。

（二）风险分析技术

风险分析技术在高校内部控制中的应用至关重要。定量风险分析技术通过统计分析和模型模拟，能够有效量化各类风险的可能性与影响。这不仅为高校管理层提供了清晰的数据支持，还促使他们在决策过程中更加依赖数据驱动的方法。通过这种技术，高校可以更精准地识别潜在风险，并制定相应的控制措施，以确保内部控制体系的稳健性和有效性。

敏感性分析作为风险分析技术的重要组成部分，主要用于评估关键变量变化对高校内部控制效果的影响。通过识别最可能导致风险的因素，高校管理层能够预先采取有针对性的控制措施，降低风险发生的可能性。敏感性分析帮助高校在资源有限的情况下，合理配置资源，确保内部控制措施的有效实施，提高整体管理水平。

情景模拟技术通过构建不同的运营情景，分析高校在各种情况下可能面临的风险。这种技术有助于高校提前作好应对准备，确保在复杂多变的环境中保持稳定运营。情景模拟不仅提升了高校应对不确定性的能力，还为管理层提供了多种选择方案，以便在风险发生时能够迅速反应，减少损失。

风险地图绘制通过利用风险矩阵，将风险按发生概率和影响程度进行可视化。这一技术使高校管理层能够快速识别和优先处理高风险领域，从而集中资源和精力应对最紧迫的风险挑战。风险地图绘制提高了高校内部控制的透明度和效率，有助于在全校范围内形成统一的风险管理意识。

（三）风险应对策略

在高校内部控制设计中，内部审计的作用不可忽视，尤其是在风险评估环节中。风险应对策略的制定是确保高校内部控制有效性和一致性的关键。高校需要制定全面的风险管理政策，明确风险管理的目标、职责和流程。这不仅能为高校内部控制提供清晰的方向和框架，还能确保各部门在风险管理过程中目标一致、职责明确。

建立多层次的风险监控机制是风险应对策略中不可或缺的一部分。通过定期评估和更新风险状况，高校可以及时发现和应对新出现的风险。这样的机制能够帮助高校在面对动态变化的风险环境时，保持敏捷性和预见性，从而有效防范潜在的风险损失。

加强内部审计与各部门的沟通与协作，是实现风险应对整体性和协调性的关键。通过促进信息共享，内部审计可以帮助各部门更好地理解和应对风险。这种协作不仅提高了风险管理的效率，还增强了高校整体的风险防范能力，使得各部门能够在统一的战略下共同应对挑战。

实施培训与教育计划，提升员工的风险意识和应对能力，是风险应对策略的重要组成部分。通过系统的培训，员工能够主动识别和报告潜在风险，从而形成全员参与的风险管理文化。这种文化的形成，有助于高校在风险管理中实现自下而上的信息反馈和风险识别。

利用信息技术手段建立智能化风险评估与预警系统，显著提升了高校对风险的实时监控和快速响应能力。这种系统不仅能提供实时的数据分析和风险预警，还能通过大数据和人工智能技术，帮助高校预测未来可能出现的风险趋势，从而提前制定应对措施。

二、内部审计在控制环境建设中的支持

（一）组织文化评估

在高校的治理过程中，内部审计扮演着至关重要的角色，尤其是在控制环境建设中。组织文化评估是内部审计支持高校内部控制的关键环节。通过对组织文化的深入评估，内部审计可以确保其活动与高校的价值观和使命保持一致。高校的组织文化不仅影响着日常运作，还对内部审计的职能产生深远影响。通过评估，可以发现组织文化在多大程度上支持或阻碍审计活动的开展，从而采取相应措施进行调整和优化。

组织文化对风险管理意识的渗透程度直接关系到高校风险管理的成效。内

部审计通过评估这一渗透程度，可以促进全员参与风险识别与控制。风险管理不仅是高层管理者的责任，还需要全体员工的共同努力。通过组织文化的评估，内部审计能够识别出哪些文化因素有助于或妨碍风险管理意识的普及和深化。这种分析有助于高校在文化建设中更加注重风险管理的教育和培训，确保风险管理成为组织文化的一部分。

识别组织文化中潜在的障碍是内部审计的重要任务之一。通过调查与访谈等方式，内部审计可以发现那些可能影响其有效性与透明度的文化因素。这些障碍可能源于对审计活动的误解、对审计结果的不信任，或是对审计流程的不熟悉。通过识别并消除这些障碍，内部审计能够提高其在高校内部的接受度和影响力，从而更好地支持高校的治理和发展。

高层管理对组织文化的引导作用至关重要。内部审计通过评估高层管理者在文化建设中的表现，确保其在文化建设中发挥积极作用。高层管理者的行为和决策往往对组织文化有着重要的导向作用。通过对高层管理的评估，内部审计可以提供反馈，帮助管理层在文化建设中采取更为有效的策略，确保组织文化的健康发展。

（二）领导层支持

在高校治理的复杂环境中，领导层的支持对于内部审计的有效性具有不可或缺的作用。领导层应积极倡导和支持内部审计的独立性，确保审计职能不受外部干扰。这种独立性不仅是内部审计能够发挥其应有作用的基础，也是增强审计结果可信度和有效性的关键。对高校而言，拥有一个独立的内部审计部门，能够更好地识别和评估风险，确保内部控制体系的稳健性和有效性。领导层的支持也体现在对内部审计工作的理解和重视上，这为审计职能的顺利开展提供了保障。

领导层通过定期与内部审计团队沟通，可以为审计工作提供明确的战略方向和目标。这种沟通不仅有助于确保审计工作与高校整体发展战略相一致，还能在一定程度上提升审计工作的针对性和有效性。通过这种协同，内部审计能够更好地识别高校治理中的潜在问题，并提出切实可行的改进建议。此外，领导层在沟通中所传达的战略目标和方向，能够为内部审计工作提供更为清晰的指导，使其更好地服务于高校的长远发展。

在审计计划的制订过程中，领导层的参与是确保审计范围涵盖关键领域的重要保障。通过这种参与，领导层能够帮助内部审计识别和优先处理高校治理中的关键问题，增强内部审计对高校治理的支持力度。审计计划的科学制订，不仅有助于优化资源配置，还能提高审计工作的效率。领导层的参与也体现了对内部审计工作的重视，能够激励审计人员更加积极主动地开展工作，从而为高校治理提供更有力的支持。

资源配置是内部审计工作质量和效率的重要保障。领导层应支持内部审计的资源配置，确保其具备足够的人力、财力和技术支持。充足的资源配置不仅能够提高审计工作的效率，还能增强审计发现的深度和广度。特别是在信息技术快速发展的背景下，技术支持对于提高审计工作效率显得尤为重要。通过提供必要的资源支持，领导层能够帮助内部审计更好地适应不断变化的审计环境，发挥其在高校治理中的作用。

（三）职责分配优化

内部审计在高校内部控制中扮演着至关重要的角色，尤其是在控制环境建设中，通过优化职责分配来提升治理能力。职责分配的优化不仅是为了明确各部门在内部审计中的角色与职责，也是为了确保审计过程的规范性和透明度。在高校复杂的管理体系中，各部门的职责往往交错复杂，因此，明确各自的角色和职责能够有效避免审计过程中的模糊地带，确保每一个环节的透明运作。这种明确性不仅提高了审计的效率，还增强了各部门在审计过程中的责任感与参与度，从而推动高校治理能力的现代化。

为了实现职责分配的优化，建立跨部门协作机制显得尤为重要。这种机制的建立有助于促进信息共享与沟通，打破部门间的信息壁垒，提高审计工作的效率。通过跨部门的协作，各部门可以在审计过程中相互支持、相互监督，形成合力，确保审计目标的顺利实现。此外，信息共享也使得各部门能够及时获取审计过程中发现的问题和改进建议，从而在日常管理中更好地进行调整和优化，进一步提高高校的整体治理水平。

定期评估和调整职责分配是确保审计资源合理配置与最大化利用的关键措施。高校的内部控制环境是动态的，随着外部环境的变化和内部管理需求的调整，职责分配也需要进行相应的调整。通过定期评估，可以发现当前职责分配中存在的问题，并及时进行优化调整，以确保审计资源的合理配置和最大化利用。这不仅有助于提高审计工作的效率，还能有效避免资源的浪费，确保高校内部控制系统的持续改进和完善。

在职责分配的过程中，明确审计与被审计单位之间的界限是防止职责重叠导致资源浪费和管理混乱的重要举措。职责重叠往往会导致审计资源的浪费和管理的混乱，因此，在职责分配时，需要明确界定审计与被审计单位的边界，确保各自的职责和权限清晰明确。这种界限的明确不仅有助于提高审计工作的效率，还能有效避免管理上的混乱，确保高校内部控制系统的稳定运行。

三、内部审计在控制活动设计中的参与

（一）控制措施建议

内部审计在高校内部控制活动设计中发挥着至关重要的作用，其核心在于提供切实可行的控制措施建议。制定基于风险评估的控制措施是确保各项控制活动能够有效应对识别出的关键风险的基础。高校的运营环境复杂多变，面临的风险种类繁多，内部审计通过深入的风险分析，识别出可能影响高校目标实现的关键风险，并据此提出有针对性的控制建议。这一过程不仅要求审计人员具备扎实的风险管理理论知识，还需结合高校的实际情况，制定出既具前瞻性又可操作的控制措施，以保障高校的稳定运营。

设计动态的控制流程是适应高校运营环境变化的重要手段。高校的运营环境充满不确定性，传统的静态控制流程往往难以应对快速变化的外部环境。内部审计在这方面的参与，帮助高校设计出灵活且有效的控制流程，使其能够及时响应环境变化。通过不断更新和优化控制流程，确保高校在面对新挑战时，保持足够的灵活性和适应性，从而提升整体治理能力。这种动态设计理念的引入，要求审计人员具有系统思维和创新意识，以确保控制措施能够与高校的发展同步推进。

信息化管理工具的引入，是提高控制活动自动化水平的重要途径。内部审计在高校内部控制设计中，建议通过信息化手段来提高控制活动的效率和准确性。信息化管理工具不仅能够减少人为错误，还能显著提高数据处理的速度和准确性，从而优化控制活动的整体效果。内部审计人员需具备一定的信息技术知识，才能有效地评估和选择适合高校特点的管理工具，使其在控制活动中发挥最大效用，推动高校治理能力的现代化。

建立定期审查机制是确保控制措施有效性的重要保障。内部审计通过定期对控制措施进行评估和调整，确保其持续适应高校发展的需要。高校的发展是一个动态过程，控制措施的有效性也需不断验证和改善。通过定期审查，及时

发现和纠正控制措施中的不足，使其始终保持高效和适应性。这一过程不仅提高了控制活动的质量，也增强了高校的风险管理能力，为高校的长远发展提供了有力支持。

（二）流程优化分析

流程优化分析在高校内部控制设计中扮演着至关重要的角色。内部审计通过对现有流程进行细致的分析，能够有效识别流程中的低效环节和瓶颈，为优化设计提供数据支持。流程优化的目标设定是优化过程中的关键步骤，明确具体的优化目标和预期效果是指导后续改进措施的基础。通过设定清晰的目标，内部审计可以确保优化过程有的放矢，提高高校内部控制的效率。

在流程优化过程中，关键环节的识别与分析是内部审计的重要任务之一。审计人员利用数据分析和流程图绘制等工具，深入剖析流程各个环节，找出其中的瓶颈和低效环节。这一过程不仅需要对流程的全面了解，还需要结合高校的实际运作情况，进行深度分析。通过对关键环节的识别，内部审计可以为流程的针对性优化提供科学依据，从而提高高校治理能力的现代化水平。

信息流与物资流的整合是流程优化中不可或缺的一部分。在高校内部控制设计中，信息流与物资流的高效协同能够显著减少信息孤岛现象，提高整体流程的效率。内部审计通过对信息流和物资流的分析，提出整合方案，确保信息与物资在各个环节的畅通无阻。这不仅有助于提高高校管理的透明度，还能有效促进资源的合理配置，增强内部控制的整体效能。

绩效指标的制定与监控是确保流程优化效果的重要手段。内部审计在流程优化后，需建立科学的绩效评估体系，对优化后的流程进行持续监控与评估。这一体系的建立不仅能验证优化措施的有效性，还能为后续的优化提供数据支持。通过对绩效的持续监控，内部审计能够及时发现流程中的新问题，并进行动态调整，确保流程的适应性和持续改进。

（三）关键控制点识别

在高校内部控制设计中，识别关键控制点是内部审计的重要任务。关键控制点的识别不仅需要对高校的整体控制目标有深入的理解，还需具备敏锐的判断能力，以确保识别的控制点能够有效支撑高校的内部控制体系。识别关键控制点的原则与标准是确保其与高校内部控制目标相一致的基础。通过明确的识别标准，内部审计可以提升控制活动的有效性，确保每个控制点都能够为高校的治理目标服务。关键控制点的选择不仅要考虑其在当前控制环境中的作用，还需关注其在未来发展中的适应性，以应对不断变化的内外部环境。

在风险管理中，关键控制点发挥着至关重要的作用。通过对关键控制点的深入分析，内部审计能够帮助高校识别和应对潜在风险，保障资源的有效利用。关键控制点的有效识别与管理，可以为高校提供一套完善的风险预警机制，帮助管理层在风险发生前采取预防措施。通过对关键控制点的监控，内部审计能够及时发现异常情况，并提出改进建议，确保高校的风险管理体系始终保持高效运作。这种预防性和前瞻性的风险管理模式，能够显著提高高校资源配置的效率。

数据分析技术的运用为关键控制点的监控提供了新的视角。通过运用先进的数据分析工具，内部审计可以在海量数据中快速识别异常情况，增强审计的实时性与敏感性。这种技术驱动的监控方式，不仅提高了审计工作的效率，也为高校提供了更为精准的决策支持。实时监控可以帮助高校及时调整管理策略，适应快速变化的环境，从而保持竞争优势。数据分析技术的应用，也为内部审计提供了更为广阔的发展空间，推动内部控制的智能化转型。

建立关键控制点的评估机制是确保其有效性与适应性的关键步骤。通过定期审查关键控制点，内部审计可以确保其持续满足高校发展的需求。评估机制的建立，不仅有助于发现和纠正控制活动中的不足，还能为高校管理层提供可靠的决策依据。通过对关键控制点的动态评估，内部审计可以及时调整控制策略，确保其始终与高校的发展目标相一致。这种动态调整机制，可以帮助高校在复杂多变的环境中保持稳健的管理能力。

四、内部审计在信息与沟通机制中的作用

（一）信息流动评估

信息流动评估是内部审计在高校内部控制设计中扮演的重要角色。通过对信息在各部门之间的传递速度与准确性的分析，内部审计能够有效评估信息流动的效率。这一过程不仅确保信息能够及时到达相关人员，还能为高校管理层提供决策支持。信息流动的效率直接影响到学校的日常运作和战略决策，因此，准确评估这一环节至关重要。内部审计通过深入分析信息流动的各个环节，识

别出可能存在的滞后或误差，为信息流动的优化提供了科学依据。

在信息流动的评估过程中，识别信息流动中的瓶颈是关键的一环。内部审计通过对信息传递过程中的延迟或错误进行详细分析，能够揭示出信息流动中的障碍。这些瓶颈可能源于技术问题、流程设计缺陷或人为因素等。通过深入研究，内部审计可以提出切实可行的改进建议，以提高信息流动的整体效率。这不仅有助于提高高校的管理水平，还能促进各部门之间的协同合作，形成更加紧密的工作网络。

建立信息共享机制是内部审计在信息流动评估中的一个重要任务。通过促进各部门之间的信息交流，内部审计确保关键数据和信息能够在合适的时间和地点被有效使用。这一机制的建立可以打破信息孤岛，提升信息的透明度和可获得性，从而增强高校管理层的决策能力。在信息共享机制的支持下，各部门能够更好地协同工作，形成合力，共同推动高校的发展。

信息流动对决策支持的影响是内部审计评估的重点。通过分析信息的质量与完整性，内部审计可以揭示其对高校管理层决策过程的影响。高质量的信息能够为决策提供坚实的基础，而不完整或失真的信息则可能导致错误的决策。因此，内部审计在信息流动评估中，特别关注信息的准确性和全面性，以确保高校管理层能够基于可靠的信息作出明智的决策。

（二）沟通渠道优化

在高校内部控制的设计中，内部审计发挥着至关重要的协同作用，尤其是在信息与沟通机制的优化方面。沟通渠道的优化是确保信息在各级管理层和员工之间畅通流动的关键。通过建立多层次的沟通渠道，高校可以提升信息的透明度和信任度。这些渠道不仅包括传统的面对面交流，还应涵盖数字化平台，以便更高效地传递信息。通过这些多层次的渠道，管理层能够更好地了解员工的需求和反馈，从而在决策过程中考虑多元化的视角和意见。

定期组织跨部门沟通会议是增强各部门协作与交流的有效手段。这些会议为各部门提供了一个分享内部审计发现与建议的平台，确保所有相关方都能及时获取信息。通过这种方式，高校可以在问题出现之前识别潜在的风险，并采取适当的措施予以解决。此外，这种跨部门的沟通机制还能促进部门之间的理解与合作，减少信息孤岛现象的发生，确保高校内部控制设计的有效性和全面性。

现代信息技术的应用在信息传递的效率和及时性方面具有显著的优势。利用内部网络平台和即时通信工具，高校可以减少信息滞后现象的发生。这些工具不仅能加快信息的传递速度，还能确保信息在传递过程中的准确性和完整性。通过技术手段的支持，内部审计可以更快速地将审计结果和建议传达给相关部门，使其能够及时采取行动，弥补内部控制不足。

制定信息沟通的标准流程是确保信息传递准确性和完整性的基础。明确的信息传递责任人和时限，有助于确保信息在规定的时间内到达指定的接收者。这种标准化的流程可以减少信息传递过程中的误解和遗漏，提高信息传递的效率和可靠性。此外，标准化流程还能为高校内部控制设计提供一个稳定的框架，确保各项信息沟通活动能够有序进行。

（三）信息透明度提升

在高校治理能力现代化的进程中，信息透明度的提升是内部审计在信息与沟通机制中发挥作用的关键环节。信息透明度不仅是高校内部控制设计的重要组成部分，也是高校与外界沟通的桥梁。通过建立信息透明度评估指标体系，高校可以定期评估内部信息透明度的现状，确保信息的公开程度符合相关法规和政策要求。这一过程有助于发现信息公开中的不足，推动改进措施的实施，从而提高高校的治理水平。

信息公开制度的落实是信息透明度提升的核心。高校需要确保各项决策、财务状况及审计结果等信息能够及时、准确地向师生和社会公布。这不仅增强了公众对高校的信任，也提升了高校的社会责任感。在信息公开的过程中，内部审计发挥着监督和保障的作用，确保信息的真实性和完整性，避免信息不对称对高校声誉的负面影响。

信息技术的发展为高校信息透明度的提升提供了新的手段。通过建立信息发布平台，高校可以实现信息的实时更新和便捷获取，提高师生对信息的访问效率。这种信息化手段不仅简化了信息发布的流程，还提高了信息的准确性和及时性。在信息技术的支持下，内部审计能够更有效地监控信息流动的全过程，为高校内部控制的优化提供数据支持。

为了确保信息透明度的持续提升，高校应开展信息透明度培训，提高全体员工对信息透明重要性的认识。通过培训，员工能够增强在日常工作中主动分享信息的意识和能力，从而形成良好的信息沟通氛围。内部审计在这一过程中可以发挥指导和推动作用，帮助员工理解信息透明度对高校发展的重要性。

第二节 内部审计在高校内部控制执行中的监督

一、内部审计在高校预算执行中的监督作用

（一）预算编制的审计

预算编制的审计在高校内部控制中扮演着至关重要的角色。预算编制的合规性审计是确保高校预算编制过程严格遵循相关法律法规和政策要求的关键环节。通过合规性审计，内部审计能够有效识别并避免预算编制过程中的违规行为，从而保障高校财务管理的合法性和规范性。合规性审计不仅关注预算编制的法律合规性，还涉及对政策执行的监督，以确保预算编制与国家和地方政策保持一致。通过这样的审计过程，高校能够在预算编制中建立起更加严谨的合规框架，减少法律风险。

预算编制的合理性审计则侧重于评估预算编制过程中各项费用的必要性和合理性。合理性审计的核心在于确保高校资源的有效配置，避免资源浪费和不当使用。通过合理性审计，内部审计可以对预算中的各项支出进行全面评估，识别不必要的开支和潜在的资源浪费，并提出改进建议。这一过程有助于高校在预算编制中实现资源的优化配置，支持高校各项事业的健康发展。在合理性审计的支持下，高校能够更加科学地规划和使用财务资源，提高资金使用效率。

预算编制的透明度审计是确保预算编制过程信息公开程度的重要手段。透明度审计旨在检查预算编制过程中信息的公开性，确保相关人员能够及时获取预算信息。在高校中，预算编制的透明度不仅关系财务管理的公开性和透明性，也直接影响高校各部门的协作和沟通。通过透明度审计，内部审计可以推动预算编制过程的信息公开，增强高校内部的信任和合作。此外，透明度审计还可以提高预算编制的公信力，增强高校财务管理的透明度和责任感。

预算编制的参与度审计关注的是各部门在预算编制过程中的参与情况。参与度审计的目标是确保各方意见得到充分反映，从而提高预算编制的科学性和民主性。在高校中，各部门的参与度直接影响预算编制的全面性和合理性。通过参与度审计，内部审计可以评估各部门在预算编制中的参与程度，识别参与

不足的问题，并提出改进建议。参与度审计有助于提高预算编制的协同性，促进高校内部的沟通与合作，增强预算编制的科学性和合理性。

预算编制的风险评估是识别预算编制过程中可能存在的风险因素的重要步骤。风险评估的目的是提出相应的控制措施以降低风险，确保预算编制的安全性和稳定性。在高校预算编制中，风险因素可能包括预算编制的不确定性、外部环境的变化等。通过风险评估，内部审计可以识别潜在的风险，并提出有针对性的控制措施，以降低预算编制的风险。

（二）预算执行的监控

在高校的预算执行过程中，监控机制的建立显得尤为重要。预算执行的监控不仅是对资金使用的监督，更是确保高校资源合理配置的关键手段。通过建立全面的预算执行监控机制，高校可以实时跟踪预算的使用情况，及时发现并纠正偏离预算的行为。这一机制的核心在于对预算执行的全程监控，确保每一笔支出都有据可查，从而提升高校财务管理的透明度与规范性。

预算执行的绩效评估是高校内部审计监督的重要组成部分。通过定期分析各部门的预算使用效率，内部审计能够确保资源的合理分配与使用。这不仅有助于高校在预算执行过程中发现问题，进行及时调整，还能为管理层提供决策支持。在这一过程中，绩效评估不仅关注预算的使用情况，还注重分析各项支出的实际效果，从而为高校的财务管理提供科学依据，促进资源的高效利用。

信息技术的应用为预算执行的监控提供了强有力的支持。通过开发预算执行监控系统，高校可以实现数据的实时更新与可视化。这一系统的实施，不仅提升了管理层的决策支持能力，还增强了预算执行的透明度与效率。信息技术的介入，使预算执行的监控更加精准、快捷，为高校的内部审计工作提供了有力的技术保障，推动了高校治理能力的现代化。

定期开展预算执行审计，是确保预算执行合规性与合理性的关键措施。通过审计，高校能够评估各项支出是否符合预算规定，及时发现并纠正不合规行为。这一过程不仅是对预算执行的监督，更是对高校整体财务管理的一次全面检视。通过审计，内部审计部门能够为高校管理层提供翔实的数据支持，帮助其在预算管理中作出更为合理的决策，确保高校财务管理的规范性与有效性。

建立预算执行反馈机制，鼓励各部门对预算执行中的问题提出建议，是促进预算管理持续改进的重要途径。通过反馈机制，各部门能够及时反映预算执行过程中遇到的困难与问题，为管理层提供第一手的信息支持。这一机制的建立，不仅有助于发现预算管理中的薄弱环节，还能促进各部门之间的沟通与协作，为预算执行的优化提供了重要的保障。

（三）预算调整的审核

在高校内部控制体系中，内部审计在预算调整的审核过程中扮演着至关重要的角色。预算调整的合规性审核是确保高校预算调整活动合法合规的基础。通过严格的合规性审核，内部审计能够确保预算调整过程严格遵循相关法律法规及高校内部的规章制度，从而有效避免因不当调整而引发的风险。这不仅有助于维护高校财务管理的严肃性和规范性，还能为高校的可持续发展提供坚实的制度保障。在这一过程中，内部审计人员需要具备丰富的专业知识和敏锐的风险意识，以准确识别潜在的合规性问题。

预算调整的必要性评估则是内部审计监督预算执行的重要环节之一。通过对预算调整原因和依据的深入分析，内部审计能够确保预算调整符合高校的战略目标和实际需求。必要性评估不仅要求审计人员具备敏锐的洞察力，还需要他们对高校整体发展战略有深刻的理解。这一环节的有效实施，可以避免不必要的调整，确保资源的合理配置和使用效率的最大化，从而支持高校更好地实现其教育和科研目标。

透明度审计是提升预算调整过程公信力的重要手段。内部审计通过对预算调整过程信息公开程度的检查，确保相关利益方能够及时获取调整信息。这种透明度的提升，不仅有助于增强高校内部各利益方的信任，还能促进高校治理的民主化和科学化。透明度审计要求审计人员具备良好的沟通能力和信息管理能力，以便能够有效地将调整信息传达给各相关方，并及时回应他们的关切。

预算调整的参与度审核是确保预算调整决策科学性的关键。内部审计通过评估各部门在预算调整过程中的参与情况，确保各方意见得到充分考虑。这一审核过程有助于提高决策的全面性和合理性，避免因单一视角导致的决策偏差。参与度审核不仅需要审计人员具备良好的协调能力，还要求他们能够在复杂的利益关系中保持中立，以促进各方的有效沟通和协作。

预算调整后的执行监控是内部审计在预算执行监督中的重要组成部分。通过建立相应的跟踪机制，内部审计能够确保调整后的预算能够有效落实，并及时发现和纠正执行中的偏差。这一过程要求审计人员具备细致的工作态度和强烈的责任感，以确保预算调整后的执行效果符合预期，并为高校的财务管理提供持续的支持和改进建议。

二、内部审计在高校财务管理中的监督机制

（一）财务报告的审查

在现代高校治理中，内部审计在财务管理中的监督机制起着至关重要的作用。财务报告的审查作为内部审计的核心任务，其重要性不言而喻。通过对财务报告的合规性审查，内部审计能够确保报告内容严格遵循相关法律法规和会计准则，从而有效预防财务违规行为的发生。这一过程不仅关乎高校财务管理的合法性和规范性，也直接影响高校的声誉和社会信任度。合规性审查要求审计人员具备扎实的法律和会计知识，以便在审查中准确识别潜在的违规风险。

财务报告的准确性验证是内部审计关注的重点。准确性验证通过对财务数据的详细核对和审计，确保报告中所反映的财务状况与实际情况相符。这一验证过程不仅需要审计人员具备高度的专业判断能力，还要求其对高校财务运作有深刻的理解。准确性验证的结果直接影响高校管理层的决策质量，因为只有基于真实可靠的数据，管理层才能制定出有效的战略和政策，从而推动高校的可持续发展。

完整性评估是财务报告审查的一个重要方面。通过检查财务报告是否涵盖所有必要的信息，内部审计确保利益相关者能够获取全面的财务状况。完整性评估不仅涉及财务数据的全面性，还包括对非财务信息的关注，如风险管理和内部控制措施的披露。这一评估过程有助于提高财务报告的质量，使其不仅是财务数据的汇总，更是对高校整体财务健康状况的全景展示，为利益相关者提供更丰富的信息支持。

透明度分析在财务报告审查中扮演着关键角色。通过评估报告信息的公开程度，内部审计确保相关利益方能够及时获取和理解财务信息。透明度的提升不仅有助于增强高校的财务透明度和问责性，还能提升高校在国内外的竞争力。透明度分析要求审计人员具备敏锐的洞察力，以识别信息披露中的不足，并提出改进建议，从而帮助高校建立更为开放和信任的财务环境。

（二）资金使用的监督

在高校的财务管理中，资金使用的监督机制是内部审计的重要组成部分。

资金使用的监督不仅涉及对财务数据的简单核对，还需要通过系统化的审查确保资金流动的合法合规。建立资金使用的合规性审查机制，是确保所有资金支出符合相关法律法规及高校内部财务管理规定的关键。通过这一机制，可以有效防范资金使用中的潜在风险，确保高校的财务活动在法律框架内运行。这种合规性审查不仅有助于提升高校的财务透明度，还为高校的长远发展奠定了坚实的基础。

资金使用的合理性评估是实现资源优化配置的一个重要方面。通过对各项支出的必要性与有效性进行分析，内部审计可以帮助高校识别出不必要的开支，并提出优化建议。这种评估不仅有助于提高资金使用的效率，还可以为高校的财务决策提供有力支持。合理性评估的结果可以作为高校制定预算和分配资源的重要参考，使有限的资金能够最大限度地发挥其作用，支持高校的教学和科研活动。

信息技术的广泛应用为资金使用的监督提供了新的可能性。通过开发资金使用监控系统，高校可以实现对资金流动的实时跟踪与数据分析。这种技术手段不仅提高了资金使用的透明度，还增强了决策支持能力。实时的资金监控系统可以及时发现异常资金流动，为管理层提供预警，从而避免潜在的财务风险。此外，数据分析功能可以帮助高校更好地理解资金使用的模式和趋势，为未来的财务规划提供数据支持。

定期开展资金使用审计，是确保资金使用合规性与有效性的必要措施。通过审计，内部审计部门可以评估资金使用是否符合预算和预期目标。这不仅有助于发现资金管理中的问题，还可以为高校的资金管理提供改进建议。审计结果可以为高校的财务管理提供反馈，帮助其在未来的资金管理中避免类似问题的发生。通过定期审计，高校可以不断完善其资金管理体系，提高资金使用的效率。

（三）财务风险的评估

在高校财务管理中，财务风险的评估是内部审计监督机制的重要组成部分。财务风险的评估不仅涉及对当前财务状况的分析，还包括对未来可能出现的风险的预测与识别。通过准确识别和分类不同类型的财务风险，如流动性风险、信用风险和市场风险等，能够为高校制定精细化的财务管理策略提供基础。这一过程要求审计人员具备深厚的专业知识和敏锐的洞察力，以便在风险尚未显现时便能采取有效的管理措施。

在识别财务风险后，建立科学的财务风险评估模型显得尤为重要。该模型应结合定量和定性分析方法，系统地评估各类风险发生的可能性及其对高校财务健康的影响程度。通过定量分析，能够利用财务指标和统计数据进行精确的风险测算，而定性分析则可通过专家评估和情景分析等手段，补充和完善定量分析的不足。如此双管齐下，方能形成全面的风险评估体系，为高校的财务决策提供可靠依据。

设计高效的财务风险监控机制是确保风险管理体系有效运作的关键。实时监控系统的建立，使得高校能够通过大数据分析技术，及时发现潜在的财务风险。这不仅要求对数据的准确采集和分析能力，还需要对风险信号的敏锐捕捉和快速反应能力。通过对财务数据的动态监测，高校能够在风险积累到不可控之前采取预防措施，降低风险对财务稳定性的影响。

针对识别出的财务风险，制定切实可行的应对策略是风险管理的核心任务。应对策略包括风险转移、风险规避和风险控制等多种手段。风险转移可以通过保险等方式将风险转嫁给第三方；风险规避则通过调整业务结构或财务安排来减少风险的发生概率；风险控制则是在风险不可避免时，通过内部控制措施将其影响降至最低。这些策略的制定和实施需要结合高校的实际情况和发展目标，确保风险管理与高校整体战略相一致。

三、内部审计在高校资产管理中的监督流程

（一）资产购置的审核

资产购置的审核在高校内部审计中具有重要作用，它不仅涉及财务的合理使用，还关系高校教学、科研及管理的资源配置效率。通过严格的审核流程，审计人员可以确保高校资产购置的合规性，从而避免采购过程中的不当行为。合规性审核要求采购活动严格遵循国家相关法律法规及高校内部规定，确保采购程序的合法性和透明性。通过这样的审核机制，高校能够有效减少采购过程中的违规现象，维护学校声誉和法律责任。

资产购置的合规性审核是确保采购活动合法合规的重要步骤。通过对采购过程的细致审查，审计人员能够识别并防范潜在的法律和制度风险，确保高校的采购活动不偏离既定的法律框架和内部管理规定。这一过程不仅有助于维护高校的合法权益，还能提升采购活动的透明度和公信力。合规性审核的有效实

施，可以在很大程度上降低道德风险和法律风险，确保高校资源的合理配置和使用。

资产购置的必要性评估是审计过程中的重要环节，旨在分析所购资产对高校教学、科研及管理的实际需求。这一评估过程确保了资源的有效利用，避免了资源的浪费和不必要的开支。通过对资产购置必要性的深入分析，审计人员能够帮助高校决策者更好地理解和判断采购决策的合理性和必要性，从而优化高校的资源配置，提高教育和科研的整体水平。

资产购置的透明度审查是确保采购过程公开、公正的重要手段。通过对采购信息公开程度的检查，审计人员能够确保相关利益方能够及时获取采购信息，增强采购过程的透明度。透明度的提升不仅有助于防范腐败和不当行为，还能增强高校在资源配置中的公信力。通过透明度审查，高校能够更好地与外部利益相关者沟通，提升采购过程的信任度和认可度。

资产购置的参与度审核旨在评估各相关部门在采购过程中的参与情况，确保多方意见得到充分考虑。这一审核过程有助于提高采购决策的科学性和合理性，避免因单一部门决策而导致的偏差。通过对参与度的审查，审计人员能够确保采购过程的多元化和民主化，提高高校在资源配置中的决策水平和效率。

（二）资产使用的监控

在高校资产管理中，资产使用的监控是确保资源高效利用和合规管理的重要环节。资产使用的监控不仅涉及对资产使用情况的实时跟踪，还包括对其合规性和效益的评估。为了实现这一目标，高校需要建立健全资产使用合规性监控机制。通过这一机制，确保所有资产的使用符合相关法律法规以及高校内部管理规定，从而有效防止违规行为的发生。这一机制的建立不仅能保障资产的合法使用，还能提高高校整体管理水平，形成良好的内部控制环境。

资产使用的效益评估是资产管理中不可或缺的一部分。通过定期分析各类资产的使用效率，高校可以确保资源的合理配置与最大化利用。这种评估不仅能揭示资产使用中的潜在问题，还能为管理层提供有针对性的改进建议。高校应当根据评估结果，调整资产配置策略，优化资源分配，以确保资产使用的最大效益。这种动态调整机制能够帮助高校在资源有限的情况下，充分发挥每一项资产的价值。

信息技术在资产使用监控中的应用日益广泛。通过开发资产使用监控系统，高校可以实现对资产使用情况的实时跟踪与数据分析。这种系统不仅提升了管理层的决策支持能力，还为资产管理提供了更加科学、准确的数据依据。利用信息技术手段，高校能够及时发现资产使用中的异常情况，快速响应并进行调整。这种智能化的监控方式，不仅提高了资产管理的效率，还增强了高校对资产使用的控制能力。

定期开展资产使用审计是确保资产使用合规性与有效性的重要手段。通过审计工作，高校可以评估资产的使用是否符合预定目标与计划，从而发现并纠正使用过程中的偏差。这种审计不仅是对资产使用的检查，也是对资产管理流程的全面检验。通过审计，高校能够识别资产管理中的薄弱环节，提出改进建议，确保资产管理的持续优化。

（三）资产处置的审计

资产处置的审计不仅是确保资产管理合规性的重要环节，也是提高高校资源利用效率的关键手段。资产处置的合规性审计尤为重要，内部审计人员需要严格审查资产处置是否遵循国家相关法律法规和高校内部规定，以避免不当处置行为的发生。这一过程不仅涉及对法律条款的解读，还需要对高校具体规章制度的深入理解，确保资产处置的每一个环节都在合法合规的框架内进行。

在资产处置过程中，必要性评估是一个不可或缺的步骤。通过对待处置资产的实际价值进行分析，审计人员能够判断其对高校运营的影响。这一评估不仅帮助高校合理配置资源，还能有效利用现有资产，避免资源浪费。审计人员需要具备敏锐的洞察力和专业的评估能力，以确保在资产处置决策中，能够提供科学、合理的建议，从而实现资源的最大化利用。

资产处置的透明度审查是提升高校资产管理公信力的重要措施。通过对处置过程的信息公开程度进行检查，内部审计能够确保相关利益方及时获取处置信息，增强他们对高校资产管理的信任。这一过程要求审计人员不仅要关注信息披露的全面性和及时性，还需评估信息披露的准确性和可理解性，以确保信息传递的有效性和透明度。

在资产处置过程中，各相关部门的参与度审核是实现科学决策的重要保障。通过评估各部门在资产处置过程中的参与情况，审计人员能够确保多方意见得到充分考虑。在这一过程中，审计人员需要具备良好的沟通协调能力，以促进各部门之间的有效合作，确保处置决策的科学性和合理性，从而推动高校治理能力的现代化。

四、内部审计在高校采购活动中的监督重点

（一）采购计划的审查

在高校采购活动中，采购计划的审查是内部审计的关键环节。采购计划不仅是采购活动的起点，也是确保采购活动合规和高效的重要保障。审核采购计划的合规性是内部审计的首要任务，必须确保所有采购活动严格遵循相关法律法规及高校内部规定。这一过程可以有效避免违规行为的发生，维护高校的合法权益。此外，合规性审核还涉及对采购流程的全面检查，确保每一个步骤都符合既定的程序和标准。这不仅有助于减少法律风险，还能提升高校在采购活动中的公信力。

采购计划的合理性评估至关重要。内部审计需对采购计划中所列物品的必要性与实际需求进行深入分析，确保资源的有效利用。通过合理性评估，能够识别出冗余或不必要的采购需求，从而优化资源配置，减少浪费。同时，通过对采购需求的准确评估，内部审计可以帮助高校更好地预测未来的资源需求，制定更具前瞻性的采购策略。这一过程需要结合市场调研和历史采购数据，确保决策的科学性和准确性。

采购计划的信息透明度是内部审计关注的重点。确保采购信息的透明度，不仅能增强采购过程的信任度，还能提高高校采购活动的整体效率。内部审计需检查采购计划的信息是否及时、准确地传达给相关利益方，以便各方能够在第一时间了解采购动态。这种透明度的建立有助于减少信息不对称带来的不必要误解和摩擦，促进高校内外部的和谐合作。此外，信息透明度的提升还可以吸引更多潜在供应商参与竞标，增加市场竞争，进而获得更优质的采购结果。

采购计划制订过程中，各部门的参与度评估是确保科学决策的重要步骤。内部审计需关注各部门在采购计划制订中的角色和贡献，确保多方意见得到充分考虑。通过广泛的部门参与，可以集思广益，避免单一视角导致的决策偏差。这种多方参与的机制不仅能提升采购计划的科学性，还能增强各部门对最终决策的认同感和执行力。内部审计在这一过程中扮演着协调者的角色，促进各部门间的有效沟通与合作。

（二）供应商选择的监督

供应商选择的监督是高校采购活动中至关重要的一环。内部审计在这一过

程中扮演着不可或缺的角色，确保采购活动的合规性和有效性。审查供应商的合规性是监督的首要任务。通过对供应商的法律地位、经营许可及其在法律法规和高校内部规定下的合法经营状况进行严格审查，可以有效规避潜在的法律风险。这种审查不仅保护了高校的合法权益，也为供应商提供了一个公平竞争的平台。

在合规性审查的基础上，评估供应商的资质与信誉同样重要。内部审计需要对供应商的资质证书进行核实，确保其具备相关行业的资质要求。同时，对供应商的市场声誉进行评估，考察其在行业内的表现和口碑。这样可以降低合作风险，选择出能够长期稳定合作的供应商，确保高校采购活动的顺利进行。

检查供应商的财务状况是内部审计的一个关键监督点。通过分析供应商的财务报表，审计人员可以评估其财务稳定性和经营风险。这一过程有助于确保供应商具备稳定的财务基础，从而保障合作的可持续性。财务状况的良好是供应商履行合同义务的基础，也是高校选择供应商的重要考量因素之一。

建立供应商选择的透明度机制对于增强采购活动的公信力至关重要。内部审计应推动采购过程的信息公开，确保各方对采购决策的信任。通过透明的选择机制，可以有效避免暗箱操作，维护高校采购活动的公正性和透明度。这不仅有助于提升高校的治理能力，也为供应商提供了公平竞争的环境。

制定供应商绩效评估标准是实现采购活动持续改进与优化的重要手段。内部审计应协助制定科学合理的评估标准，对供应商的服务质量和交付能力进行定期评估。这种评估机制不仅能够促进供应商的持续改进，也为高校采购活动提供了重要的反馈信息，推动高校治理能力的现代化。

（三）采购合同的审核

在高校的采购活动中，采购合同的审核是内部审计监督的关键环节。采购合同不仅是高校与供应商之间的法律文件，也是确保采购活动合规与高效的重要保障。内部审计在审核采购合同时，首先需要确保合同条款的合规性。这意味着合同的每一个条款都必须严格符合国家法律法规以及高校内部的相关规定，以防止可能的法律风险。通过合规性审核，内部审计能有效降低合同执行过程中出现法律纠纷的可能性，确保高校采购活动在法律框架内进行。

内部审计还需对采购合同的合理性进行评估。这一过程涉及对合同条款的必要性与公平性进行详细分析，确保每一项条款都能反映高校的实际需求，并在资源利用上做到最大化。合理性的评估不仅是对合同内容的审视，更是对高校资源配置的优化。通过对合同合理性的把控，内部审计能帮助高校在采购活动中实现资源的有效利用和利益的均衡，避免因合同不合理而导致的资源浪费或利益失衡。

采购合同透明度的检查是内部审计工作的一个重点。透明度不仅涉及合同内容的公开，还包括合同执行过程对相关利益方的透明披露。通过确保采购合同的透明度，内部审计能够增强采购活动的信任度，减少因信息不对称而引发的误解或争议。透明度的提升有助于维护高校采购活动的公正性和公开性，使各方利益得以平衡，进而促进高校治理能力的现代化。

内部审计还需审核合同中供应商的责任与义务。这一审核环节不仅是对合同内容的核查，也是对供应商履约能力的评价。通过确保供应商的责任与义务符合高校的需求与标准，内部审计可以有效降低合同履行过程中的潜在风险。这样一来，高校能够在采购活动中确保服务质量和产品标准，维护自身的利益和声誉。

建立采购合同的变更与解除机制是内部审计的重要任务之一。在高校采购活动中，变化是常态，因此合同的灵活性显得尤为重要。通过建立合理的变更与解除机制，内部审计能够帮助高校在面对需求变化或风险时，及时调整合同内容。这不仅有助于高校在动态环境中保持采购活动的灵活性，也为高校在复杂多变的市场中提供了应对策略，确保采购活动的连续性和有效性。

第五章　内部审计在高校财务管理中的职能发挥

第一节　内部审计对高校资产管理的审查

一、高校资产管理的内部控制机制

（一）内部控制的基本原则

在高校的资产管理中，内部控制的基本原则是确保资产的安全性、完整性和有效利用。内部控制的有效性原则强调控制措施的实际作用，旨在降低财务风险。通过建立全面、系统的控制体系，高校可以及时发现并纠正可能的财务漏洞，确保资金流动的安全性和合理性。在此过程中，透明性原则尤为重要。高校在资产管理过程中保持信息的公开和透明，不仅能增强各方的信任，还能提高管理的公正性和效率。透明的信息披露使得各利益相关者能够及时获取资产管理的动态信息，从而参与监督和决策中。

合规性原则是高校资产管理的基石，确保管理活动遵循相关法律法规及政策要求，避免因不合规行为带来的法律风险。高校在资产管理中应严格遵循国家和地方的法律法规，确保所有资产管理活动在合法合规的框架内进行。这不仅是对法律的尊重，也是对高校自身声誉的保护。与此同时，分权与授权原则强调合理划分职责与权限，以避免权力集中导致的管理漏洞。通过明确的分权与授权机制，高校能够有效防范内部控制中的道德风险，确保每一项决策和操作都有明确的责任主体。

（二）内部控制的实施步骤

在高校资产管理中，实施有效的内部控制机制是确保资产管理符合高校战略规划和财务管理要求的关键步骤。

需要明确内部控制目标，确保资产管理的各个环节都能与高校的整体战略和财务目标保持一致。这一过程要求管理层对高校的长期发展方向和财务状况有清晰的理解，以便制定出切实可行的资产管理目标。通过将资产管理与高校战略规划相结合，内部审计可以帮助识别和缓解可能影响财务健康的风险，确保资源的合理配置和使用。

为了有效实施内部控制，建立资产管理的责任体系是必不可少的。明确各部门和人员在资产管理中的职责与权限，有助于提高管理效率和责任意识。责任体系的建立不仅涉及对各部门职能的合理分配，还需明确各级管理人员和员工在资产管理过程中的具体责任。这种明确的职责分工有助于在资产管理中形成良好的监督和制约机制，避免因职责不清导致的管理漏洞和资产流失。

制定和实施具体的资产管理流程是内部控制的重要组成部分。高校需要确保资产的采购、使用、维护和处置等环节有序进行，以实现资产的最大化利用和价值维护。具体流程的制定应依据高校的实际需求和管理特点，涵盖从资产需求的识别、采购的审批、使用的监督到最终处置的全生命周期管理。通过严格的流程控制，可以有效防范资产管理中的浪费和不当使用，提升高校资产管理的整体效能。

定期的内部审计和自我评估是确保资产管理内部控制机制有效运行的重要手段。通过内部审计，能够及时发现和纠正资产管理中存在的问题和风险，确保管理流程的合规性和有效性。自我评估则鼓励各部门主动识别和解决管理中的不足，形成持续改进的管理文化。这种双重的监督机制不仅提高了资产管理的透明度，还增强了高校在资产管理中的风险应对能力。

二、内部审计在资产采购过程中的作用

（一）采购流程的审计

采购流程的审计在高校财务管理中扮演着至关重要的角色。通过对采购流程的审计，内部审计部门能够确保所有采购活动严格遵循相关法律法规及高校内部政策。这不仅有助于维护高校的合法性和合规性，还能有效防范潜在的法律风险。在新时代的高校治理中，合规性已成为衡量管理水平的重要指标，内部审计通过细致的审查，确保采购流程的每一个环节都无懈可击。

审计采购流程的合规性是内部审计的核心任务之一。通过对采购活动的全面审查，审计人员能够识别出流程中的合规性问题，并提出改进建议。高校作为公共资源的管理者，必须在采购过程中严格遵循法律法规，内部审计通过对采购流程的合规性审查，确保高校的每一笔支出都经得起法律的检验。这种严

格的审查机制不仅保障了高校的合法权益，也提升了高校的治理能力。

评估采购流程的透明度是内部审计的一项重要职能。信息公开是现代治理的基本要求，内部审计通过对采购流程的透明度评估，确保高校的采购信息能够被相关利益方及时获取。通过提高透明度，内部审计能够有效减少腐败和不当行为的风险，维护高校的良好声誉。透明的采购流程不仅增强了高校的公信力，也为高校的长远发展奠定了坚实的基础。

检查供应商选择的公正性是确保采购公平性的关键步骤。内部审计通过对供应商选择过程的审查，确保高校在选择供应商时遵循合理的评估标准和程序。这种审查过程不仅能够防止徇私舞弊现象的发生，还能确保高校选择的供应商具备良好的信誉和履约能力。公正的供应商选择机制有助于提高采购物品的质量和服务水平，从而提升高校的整体管理效能。

审查采购合同的内容是内部审计在采购流程中的重要环节。通过对合同条款的细致审查，内部审计能够确保合同条款的明确性和合理性。这种审查不仅保护了高校的合法权益，还能防范合同履行过程中可能出现的争议和风险。明确合理的合同条款是高校与供应商合作的基础，内部审计在这一环节的作用不可或缺。

（二）供应商选择的审计

在高校资产采购过程中，内部审计在供应商选择阶段扮演着关键角色。审计的首要任务是对供应商的资格进行严格审查，以确保其符合高校的资质要求和行业标准。这一过程不仅涉及对供应商提供的文件和证书进行核实，还需要对其过往的合作记录进行分析。通过这样的审计措施，能够有效地防范因供应商资质不符导致的潜在风险，为高校的资产采购提供可靠的保障。

资格审核是供应商选择审计的核心环节。内部审计人员需对供应商的资质进行全方位的核查，确保其符合高校的具体需求和行业的通用标准。这不仅包括对供应商营业执照、专业资质等文件的审核，还涵盖对其行业信誉度的考察。通过资格审核，审计人员能够有效筛选出符合条件的供应商，减少因选择不当而导致的采购风险，保障高校采购活动的顺利进行。

在供应商选择过程中，评估其信誉与历史表现是审计的重要内容。内部审计人员需通过查阅供应商的历史合作记录、客户反馈以及行业评价等资料，深入了解其在过去合作中的表现。这一评估不仅有助于判断供应商的诚信度和履约能力，还能为高校提供选择的依据，降低因选择信誉不佳的供应商而带来的风险。

供应商的财务状况直接影响其履约能力，因此，审计人员需对其进行详细的财务审查。通过分析供应商的财务报表、现金流状况和负债情况，审计人员能够判断其经济基础的稳定性。这一审查过程不仅能确保供应商有能力持续提供产品和服务，还能为高校的长期合作提供保障，防范因供应商财务问题导致的合作中断风险。

技术能力和服务水平是衡量供应商是否合适的重要指标。审计人员需对供应商的技术实力进行评估，确保其具备提供高校所需产品和服务的能力。这包括对供应商产品质量、技术创新能力以及售后服务水平的考察。通过这样的分析，审计人员能够帮助高校选择出能够满足其需求的优质供应商，确保采购的有效性和高效性。

（三）采购合同的审计

采购合同的审计在高校财务管理中扮演着至关重要的角色。通过对采购合同的审计，内部审计能够有效保障高校在资产采购过程中各个环节的合法性和合规性。审查采购合同的法律合规性是确保高校合法权益的基础。合同条款必须符合国家和地方政府的相关法律法规，以防止因法律漏洞导致高校利益受损。内部审计人员需要具备扎实的法律知识，熟悉与采购相关的法律法规，以便在审查过程中及时发现潜在的法律风险，并提出改进建议。

在确保合同法律合规性的同时，评估合同条款的合理性也是内部审计的重要任务。合理的合同条款不仅包括价格、交货时间、质量标准等核心内容，还要明确责任分配和违约处理等细节。内部审计通过对这些条款的审查，可以有效避免因条款模糊或不合理导致的争议和纠纷。此外，审计人员需要在合同签订前进行详细的市场调研，确保合同价格的公允性和竞争性，从而维护高校的经济利益。

合同履行的监控机制是采购合同审计中的关键环节。内部审计需确保合同执行过程中有明确的监督和评估措施，以便及时发现和解决问题。通过对合同履行情况的定期检查，审计人员可以评估供应商的执行能力和服务质量，确保其符合合同约定。这种动态的审计方式不仅能够及时纠正合同执行中的偏差，还能为高校的采购管理提供有力的数据支持，提高管理效率。

在合同的执行过程中，合同变更和终止条款的分析不可忽视。内部审计需确保在需要调整或解除合同时有合理的依据和程序，以保护高校的利益。合同变更往往涉及复杂的利益关系，审计人员需要对变更的必要性、合理性进行深入分析，并确保变更过程的透明和合规。同时，审计人员还需关注合同终止的条件和程序，确保在合同解除时高校的合法权益不受损害。

三、内部审计对固定资产管理的监督

（一）固定资产登记的审计

内部审计在固定资产登记的审计中扮演着至关重要的角色。固定资产登记的准确性是确保高校资产管理有效性的基石。通过审计，内部审计部门能够核实资产信息的准确性，包括资产的名称、数量和价值等，确保这些信息与实际情况相符。这一过程不仅有助于防止资产虚增或漏登的情况，还能提高高校资产管理的透明度和可靠性。通过详细的审计，确保每一项资产都得到了准确和及时的登记，从而为高校的财务管理提供坚实的基础。

固定资产的分类与编码是高校资产管理中不可或缺的一部分。内部审计通过检查这些分类与编码的准确性和合理性，确保其符合高校的管理规定。这一过程有助于提升资产信息的系统性与可追溯性，使得高校能够更高效地管理其固定资产。通过严格的审计程序，确保每一项资产都得到了正确的分类与编码，从而避免因编码错误而导致的资产管理混乱。这种细致的审计工作为高校资产管理的规范化提供了有力支持。

评估固定资产登记流程的合规性是内部审计的重要任务之一。通过对登记流程的审查，内部审计能够确保所有登记活动都遵循相关法律法规及内部管理制度。这不仅有助于降低合规风险，还能提升高校在资产管理方面的法律意识和责任感。通过对合规性的严格把控，确保高校的资产管理活动始终在法律框架内进行，从而有效地保护高校的合法权益。

审查固定资产的使用情况是内部审计确保资产合理利用的重要手段。通过对资产使用情况的检查，确认资产是否被合理利用，防止闲置或浪费现象的发生。这一过程有助于提高高校资产的使用效率，确保每一项资产都能够发挥其应有的作用。通过审计，能够及时发现并纠正资产使用中的不合理现象，从而为高校的资源优化配置提供支持。

（二）固定资产使用的审计

固定资产在高校的财务管理中扮演着至关重要的角色，其使用的审计不仅是财务合规性的保障，也是提高资源利用效率的关键环节。审计固定资产使用的合规性，确保所有资产的使用遵循高校内部管理制度和相关法律法规，是内部审计的首要任务。通过严格的审查程序，审计人员可以识别出任何不符合规定的使用行为，从而在制度层面上防范潜在的法律风险和管理失误。同时，合规性审计也促进了高校管理层对固定资产使用的重视，推动了整体管理水平的提升。

评估固定资产的使用效率是内部审计的一个重要方面。通过对资产使用情况和产出的详细分析，审计人员能够识别出闲置或低效使用的资产。这一过程不仅涉及对资产使用记录的检查，还包括对使用效果的评估。通过这样的审计，高校能够更好地调整资源配置，优化固定资产的使用，从而实现资源的最大化利用。此外，效率评估还为高校在新资产购置和现有资产处置提供了数据支持，帮助决策者作出更为科学合理的判断。

固定资产的维护与保养记录是确保资产在使用过程中得到适当管理与保护的关键。通过检查这些记录，审计人员可以评估资产维护的完整性和及时性，确保资产的使用寿命得到有效延长。维护和保养的良好记录不仅反映了资产管理的规范性，也为未来的资产更新和预算编制提供了重要参考。有效的维护管理能够减少因设备故障导致的停机时间和维修成本，从而提高固定资产的整体使用效益。

审查固定资产使用的责任归属是内部审计中的重要步骤。明确各部门和人员在资产使用中的职责，有助于避免因责任不清导致的管理漏洞。通过责任归属的审计，高校能够强化各级管理人员的责任意识，提高资产使用的透明度和可追溯性。这种责任机制的建立，不仅能够提高管理效率，还为高校的资产管理提供了坚实的制度保障，减少了因管理疏漏造成的风险。

（三）固定资产折旧的审计

在高校财务管理中，固定资产折旧的审计是内部审计的重要组成部分。固定资产折旧的准确性直接关系高校财务报表的真实性和可靠性。审计人员需确保固定资产折旧政策的合规性，审查其是否符合相关会计准则及高校内部规定。通过对折旧方法和期限的严格审查，确保高校在固定资产管理中遵循既定的政策和程序。这不仅有助于维护高校财务管理的透明度，还能在一定程度上防范潜在的财务风险。

评估固定资产折旧的合理性是内部审计的一项重要任务。审计人员需要确保折旧计算基于资产的实际使用情况和预期经济寿命。合理的折旧评估能够准确反映资产的耗用程度，避免因过高或过低的折旧而导致财务报表失真。此外，通过合理的折旧评估，能够为高校管理层提供更为准确的财务信息，从而支持其在资源配置和预算管理方面的决策。

检查固定资产折旧记录的准确性是确保财务数据一致性的关键步骤。审计人员需核对每项资产的折旧金额与财务报表中的数据，避免因记录错误导致的财务误差。固定资产折旧记录的准确性不仅影响高校的财务报表，还对其整体财务管理的质量有着直接影响。通过对折旧记录的细致检查，能够发现并纠正潜在的记录错误，确保财务数据的完整性和准确性。

审查固定资产折旧对财务报表的影响是内部审计的核心任务之一。审计人员需评估折旧费用对高校财务状况和经营成果的反映是否真实、准确。折旧费用作为高校运营成本的重要组成部分，其准确性直接影响高校的财务表现和经营成果分析。通过对折旧影响的审查，能够为高校管理层提供更为可靠的财务信息，支持其在战略规划和资源配置方面的决策。

四、内部审计在资产处置中的风险评估

（一）资产处置流程的审计

资产处置流程的审计在高校财务管理中扮演着关键角色。审计资产处置流程的合规性是确保所有处置活动严格遵循高校内部规定和相关法律法规的基础。通过这一过程，能够有效避免可能出现的法律风险，并在高校的资产管理中形成良好的法律合规文化。合规性审计不仅是对流程的表面检查，还是对每一个细节的深入探讨，以确保每一个环节都符合相关要求，从而为高校的健康运作提供保障。

评估资产处置的透明度是内部审计的一项重要任务。透明度的提升有助于信息的公开化，能够有效减少利益冲突和腐败风险。在资产处置过程中，信息的不对称往往会导致利益的偏袒和腐败的发生。因此，通过审计提高透明度，能够增强各方对处置过程的信任，形成一个公平、公正的处置环境。这不仅是对高校资产的保护，也是对高校声誉的维护。

检查资产评估的公正性是确保资产在处置前经过合理评估程序的必要步骤。公正的评估能够反映资产的真实市场价值，从而保护高校的利益不受损害。通

过审计，确保在资产处置前进行科学合理的评估，能够避免因评估不当导致的资产流失或价值低估。这一过程需要审计人员具备专业的评估知识和敏锐的市场洞察力，以确保评估结果的准确性和公正性。

审查资产处置的审批流程是内部审计中不可或缺的一环。所有处置决策必须经过必要的审核和授权，以避免权力的滥用和管理漏洞的产生。审批流程的审查不仅是对权力的监督，也是对管理制度的完善。通过这一过程，可以确保每一个处置决策都是在充分考虑多方意见和利益的基础上作出的，从而提升决策的科学性和合理性。

（二）资产处置决策的审计

在高校财务管理中，内部审计对资产处置决策的审计具有重要作用。审计的首要任务是确保资产处置决策的合规性。高校作为公共资源的管理者，必须严格遵循内部管理制度及相关法律法规。通过审计，可以有效避免法律风险，确保每一个资产处置决策都在法治的轨道上进行。这不仅是对高校资产的保护，也是对高校声誉的维护。审计人员需全面掌握相关法律法规，确保所有处置决策符合政策要求，从而为高校的长远发展奠定坚实的基础。

资产处置决策的透明度是内部审计关注的重点。透明的信息披露机制能够增强各方对决策过程的信任，减少利益冲突的可能性。高校资产处置涉及多方利益，透明的决策过程可以有效化解潜在的矛盾。审计通过对信息公开程度的评估，确保所有相关方都能及时获取准确的信息，从而维护高校的公信力。透明度不仅是现代管理的要求，也是高校内部治理能力现代化的重要体现。

在资产处置决策过程中，决策依据的合理性至关重要。审计人员需要对决策的市场调研和评估过程进行详细检查，确保每一个决策都基于充分的数据和信息。这不仅能反映资产的真实价值，也能合理解释处置的必要性。通过审计，可以避免盲目决策和资源浪费，确保高校资产的合理利用。合理的决策依据是科学管理的体现，也是高校实现资源优化配置的关键。

审计还需关注资产处置决策的审批流程。高校内部管理需要明确的审批机制，以防止权力滥用和管理漏洞。审计通过对审批流程的检查，确保每一个决策都经过必要的审核和授权。这不仅是对高校管理制度的维护，也是对合法合规原则的坚守。完善的审批流程能够提升决策的规范性和可靠性，为高校资产管理提供制度保障。

（三）资产处置收益的审计

在高校的财务管理中，内部审计在资产处置收益的审计中扮演着至关重要的角色。内部审计不仅要关注资产处置的合规性，还要确保收益的计算和分配严格遵循相关法律法规及高校内部政策。这一过程旨在避免法律风险，保障高校在资产处置中的合法权益。通过对收益合规性的审查，内部审计可以有效防范因不当操作而导致的法律纠纷，从而维护高校的声誉和经济安全。

内部审计在评估资产处置收益的合理性方面发挥了重要作用。审计人员需要确保收益的计算是基于真实的市场价值和合理的评估标准进行的。这不仅是为了保护高校的经济利益，也是为了确保高校资产处置的透明度和公正性。合理的收益评估可以防止资产被低估或高估，从而避免高校在资产处置过程中遭受不必要的损失。

内部审计还需检查资产处置收益的记录和报告，确保所有收益在财务报表中准确反映。这一过程对于避免财务误差和信息失真至关重要。通过对收益记录的详细审查，内部审计可以确保财务信息的完整性和准确性，进而为高校的财务决策提供可靠的数据支持。这也有助于提高高校财务管理的透明度和可信度。

审查资产处置收益的使用情况是内部审计的一项重要职能。审计人员需要确保收益被合理利用于高校的相关项目或发展，以促进资源的有效配置。这不仅有助于提高高校的整体运营效率，还能支持高校的长远发展战略。通过合理的收益分配，高校能够更好地实现其教育和科研目标，进而提升其在社会中的竞争力和影响力。

第二节　内部审计对高校财务收支的监督

一、高校财务收支内部控制机制

（一）内部控制制度设计

在高校财务管理中，内部控制制度设计是确保财务收支活动有序进行的基础。内部控制制度的有效设计需明确高校财务收支的内部控制目标，使其与高校的整体战略和财务管理要求相一致。这不仅有助于提高高校财务管理的效率，还能确保财务资源的合理配置和使用。通过明确的目标设定，内部控制制度能够有效地指导各项财务活动的开展，确保其符合高校的长远发展规划。

建立健全的财务收支责任体系是内部控制制度设计的关键环节。责任体系的构建要求清晰划分各部门及人员的职责与权限，以提高管理效率。这种明确的职责分工，不仅有助于提升财务管理的透明度，还能有效防范财务风险。通过合理的权责划分，各部门和人员能够在各自的职责范围内高效运作，确保财务管理的各项工作都能顺利推进。

制定和实施规范的财务收支流程是内部控制制度设计的重要内容。规范的流程能够确保每一项收支活动都有明确的审批、记录和监督机制，最大限度地减少财务管理中的人为错误和舞弊风险。通过严格的流程控制，财务收支活动的合法性和合规性得以保障，提高了财务管理的整体水平。规范的流程设计还能够为财务活动提供可追溯的记录，便于后续的审计和评估。

定期开展内部审计及自我评估是内部控制制度设计中不可或缺的环节。通过审计和评估，及时发现和纠正财务收支管理中的问题与风险，提高管理水平。内部审计不仅是对财务活动的监督和检查，也是对内部控制制度有效性的一次检验。通过审计发现的问题，可以为制度的改进提供依据，确保高校财务管理的持续优化。

加强财务收支管理的培训和宣传是内部控制制度设计的重要保障措施。通过培训和宣传，增强全体员工对内部控制制度的认识与遵循意识，促进合规管理。员工对制度的理解和认同，是制度得以有效实施的基础。通过持续的培训和宣传活动，员工能够更好地理解和执行内部控制要求，从而为高校财务管理的现代化提供有力支持。

（二）控制流程优化

在高校财务管理中，控制流程优化是确保财务收支安全的关键。优化财务收支审批流程，旨在通过严格的审核机制，确保每项支出都经过细致的审查。这样的机制不仅能防止不必要的财务风险，还能提高资金使用的透明度和合理性。通过明确审批权限和责任，优化审批流程，有助于减少人为因素带来的财务漏洞。此外，审批流程的优化还需要考虑到各部门之间的协调与沟通，以确保财务决策的科学性和高效性。

引入信息化管理系统是提高财务管理效率的重要手段。信息化系统能够实时记录财务收支数据，提高数据的准确性和及时性，避免因人工操作导致的误差。这种系统化的管理方式，不仅能够提高财务信息的透明度，还可以为高校管理层提供及时、准确的财务报告，支持其进行科学决策。信息化系统的应用，还需要与现有的财务管理流程相结合，以实现流程的自动化和智能化，提高整体财务管理水平。

建立财务收支数据分析机制，是识别潜在财务风险的有效途径。通过数据挖掘技术，可以发现异常交易和财务漏洞，从而及时采取措施进行纠正。数据分析机制的建立，需要依托先进的技术手段和专业的数据分析团队，以确保分析结果的准确性和可靠性。通过定期的数据分析报告，财务管理部门可以对高校的财务状况进行全面评估，及时发现和解决问题，保障高校财务的健康运行。

完善财务收支的反馈机制，是优化控制流程的重要组成部分。通过定期收集和分析各部门的反馈意见，可以及时发现控制流程中的不足，并进行相应的调整和优化。反馈机制的有效运行，需要高校各部门的积极参与和配合，以确保反馈信息的全面性和客观性。通过反馈机制的不断完善，可以提高财务管理的科学性和适应性，确保内部控制制度的有效实施。

二、内部审计在预算执行中的作用

（一）预算执行监控

预算执行监控在高校财务管理中扮演着至关重要的角色。通过系统化的监控机制，内部审计能够有效地对预算执行过程进行实时监督，确保资金使用的合理性和合规性。预算执行监控不仅限于对资金流向的跟踪，还包括对预算执行过程中各项指标的全面分析。这种监控机制要求审计人员具备专业的财务知识和敏锐的洞察力，以便及时识别可能存在的问题和风险。在高校的复杂财务环境中，预算执行监控为财务管理提供了坚实的基础，确保高校资源的最优配置和使用。

预算执行的合规性审计是内部审计的重要环节，旨在确保所有支出严格符合相关法律法规及高校内部财务管理规定。合规性审计不仅是对财务数据的核查，也是对财务管理流程的全面审视。通过合规性审计，内部审计能够发现预算执行中潜在的违规行为，提出整改建议，并推动高校财务管理的制度化和规范化。这一过程不仅提升了财务透明度，也增强了高校财务管理的公信力，为高校的可持续发展提供了有力保障。

预算执行的透明度监控是增强各方对预算执行过程信任的重要手段。通过透明度监控，内部审计能够确保各项预算支出信息公开，接受各方的监督和评议。这种透明度不仅限于财务数据的公开，还包括对预算执行过程和结果的详细披露。透明度监控的实施需要高校建立健全的信息披露制度，并通过多渠道、多形式的公开方式，确保信息的及时性和准确性。高校通过透明度监控，可以有效提升预算执行的公信力，增强社会公众和校内师生的信任感。

预算执行的效率评估是提升高校资金使用效益的重要工具。通过对预算使用情况的详细分析，内部审计可以识别出资源配置中的浪费和低效环节，从而提出优化建议。效率评估不仅关注资金的使用结果，还关注资金使用过程中的各个环节，以确保资源的高效配置。高校通过效率评估，可以实现对资金使用的精细化管理，确保每一笔支出都能发挥最大的效益，为高校的教学科研发展提供有力支持。

预算执行的责任追踪在高校财务管理中具有重要意义。通过明确各部门在预算执行中的职责，内部审计可以确保责任到位，减少管理漏洞。责任追踪要求各部门在预算执行过程中严格履行职责，并对预算使用结果负责。这种责任机制不仅有助于提升预算执行的有效性，也为高校的财务管理提供了制度保障。通过责任追踪，内部审计可以推动高校管理层和各部门形成合力，共同提高财务管理水平。

（二）预算调整审核

预算调整审核在高校财务管理中扮演着至关重要的角色。其核心任务在于确保预算调整过程的合规性，避免可能出现的法律风险。在预算调整的合规性审核中，内部审计需要严格审查调整方案是否符合国家相关法律法规以及高校内部的财务管理规定。通过这一过程，内部审计可以有效防范由于不合规操作而引发的法律责任问题，保障高校财务管理的合法性和规范性。

预算调整的透明度评估是内部审计的另一项重要工作。透明度的提升可以增强各方对预算变动的信任，减少潜在的利益冲突。内部审计通过对预算调整信息的及时公开，确保各利益相关方能够及时获取相关信息，从而提升高校财务管理的透明度和公信力。这一过程不仅有助于维护高校的声誉，还能有效促进预算执行的公正性和公平性。

合理性分析是预算调整审核中不可或缺的一环。内部审计需要对预算调整的依据进行充分的分析，以确保其反映实际需求和资源配置的变化。通过合理性分析，内部审计能够提升预算管理的有效性，确保资金的使用能够最大限度地支持高校的教学和科研活动。这一过程要求审计人员具备敏锐的洞察力和综合分析能力，以便准确评估预算调整的必要性和合理性。

预算调整的审批流程审查是内部审计的重要职能之一。内部审计需要确保所有预算调整决策经过必要的审核与授权，以防止权力滥用和管理漏洞。通过对审批流程的严格审查，内部审计可以保障预算调整的每一个环节都透明、规范，从而提高整个预算管理过程的安全性和可靠性。这一职能的发挥，不仅维护了高校财务管理的秩序，也为高校的长远发展奠定了坚实的基础。

（三）预算绩效评价

预算绩效评价在高校财务管理中扮演着至关重要的角色。其主要目标是通过设定明确的评价指标，确保这些指标与高校的战略目标相一致，从而促进资源的有效配置与使用。高校的战略目标往往涵盖教学、科研、社会服务等多个方面，因此，预算绩效评价需要在这些领域中找准切入点，使得财务资源的分配能够紧密围绕学校的长远发展方向。这不仅有助于提高资金使用的效率，还能确保高校在资源紧张的情况下，依然能够实现各项任务的协调推进。

构建科学合理的预算绩效评价指标体系是实现全面评价的基础。该体系应当涵盖资金使用效率、项目成果、资源配置合理性等多维度。这种多维度的评价体系能够全面反映高校在预算执行过程中的各个方面，确保评价的全面性与科学性。资金使用效率评价关注的是资金投入与产出的比例，而项目成果评价则着眼于项目目标的实现程度和对高校整体目标的贡献。资源配置合理性则考察资源在不同项目和部门之间的分配是否合理，是否能够支持高校的整体战略。

选择合适的方法进行预算绩效评价是确保结果准确性与可靠性的关键。结合定量与定性分析的方法，通过运用数据分析工具，可以大大提升评价结果的科学性。定量分析能够提供客观的数字依据，而定性分析则可以通过对项目背景、实施过程等的深入了解，提供更为全面的评价视角。数据分析工具的应用，不仅能提高数据处理的效率，还能通过大数据分析，揭示隐藏在数据背后的深层次问题，为高校财务管理提供有力支持。

预算绩效评价的结果应用是其价值体现的关键环节。确保评价结果能够为决策提供依据，是推动预算管理优化与改进的重要手段。通过对评价结果的深入分析，高校管理者可以识别出预算执行中的薄弱环节，从而采取有针对性的措施进行改进。这一过程不仅能够提升预算管理的科学性，还能通过优化资源配置，提高高校整体运行效率，为实现高校的战略目标提供坚实的财务保障。

三、财务收支合规性审计要点

（一）法规遵循检查

法规遵循检查在高校财务管理中扮演着不可或缺的角色。审计人员需要深入分析高校的财务收支活动，确保其严格符合国家和地方政府的法律法规要求。合规性审计的首要任务是核实各类财务收支文件的完整性与合法性，确保所有支出均有相应的凭证和批准。通过对文件的细致审查，审计人员可以识别出可能存在的违规操作，从而确保财务活动的合法性和合规性。此外，高校内部财务管理制度的执行情况也是审计的重点之一。审计人员需要检查各项财务收支活动是否遵循内部规章制度，并在此基础上提出改进建议，以优化高校的财务管理流程。

透明性是财务管理的重要原则，审计活动因此也需要评估财务收支活动的透明性。通过确保信息公开，审计活动可以增强利益相关者对高校财务管理的信任。这种信任不仅有助于提高高校管理的公信力，也为高校的长远发展提供了坚实的基础。定期审查财务收支过程中的风险控制措施是合规性审计的另一重要内容。通过识别和评估潜在的合规风险，审计人员能够及时发现并纠正问题，从而降低高校在财务管理中的风险暴露。合规性审计不仅是对当前财务状况的评估，更是对未来财务管理的一种保障，为高校的可持续发展提供了有力支持。

（二）合同合规审查

合同合规审查在高校财务管理中具有重要意义。内部审计通过对合同条款的全面审查，确保所有必要的条款和条件在合同中得以体现，以避免后续执行中的争议和纠纷。合同条款的完整性是合同履行的基础，审计人员需关注合同中是否缺失关键条款，如履行期限、违约责任和争议解决机制等。这些条款的缺失可能导致合同执行中的不确定性，增加管理风险。因此，审计人员在审查时应仔细核对合同内容，确保其完整性和准确性，从而为合同的顺利履行提供保障。

核实合同签署的合法性是合同合规审查的重要方面。在高校财务管理中，合同的签署方必须具备相应的授权，以确保合同的法律效力。审计人员需核查合同签署方的授权文件，确认其具备签署合同的合法权限。若合同签署方超越授权范围或未获授权，可能导致合同无效，产生法律纠纷。因此，审计人员应严格审查授权文件，确保合同签署的合法性，避免因签署无效合同而导致的法律风险。

评估合同履行的监控机制是确保合同顺利执行的关键。合同中规定的监督和评估措施需切实可行，以保障合同的按时履行。审计人员需检查合同中是否设有明确的监控机制，如定期报告、绩效考核等，并评估这些机制的有效性。通过对监控机制的评估，审计人员可以识别潜在的执行风险，并提出改进建议，以提高合同履行的效率，维护高校的合法权益。

合同变更和解除条款的合理性是审计关注的重点。在合同履行过程中，可能因各种原因需要调整或终止合同。审计人员需检查合同中是否设有合理的变更和解除条款，并确保这些条款的依据和程序明确。合理的变更和解除条款可以为合同的调整提供合法依据，避免合同纠纷的发生。因此，审计人员应仔细审查这些条款，确保其合理性和可操作性，以维护高校的合法权益。

（三）资金使用合规性

在高校财务管理中，资金使用合规性是确保财务健康运行的关键环节。资金使用合规性不仅要求严格遵循国家法律法规，还需符合高校内部的财务管理规定。通过审查资金使用的合法性，可以有效防止不当支出和违规行为的发生。审计工作者需仔细审查每一笔资金的使用情况，确保其符合法律要求和高校的规章制度，从而维护财务的规范性和合法性。

核实资金使用的合规性是保障财务透明度的重要步骤。在实际操作中，审计人员应确保每笔支出都有相应的凭证和批准文件，以此避免违规支出和潜在的财务风险。这不仅是对资金流动的有效控制，也是对财务管理过程的严格监督。通过对资金使用合规性的核实，可以促使高校财务活动更加规范化，减少不必要的财务损失和法律风险。

资金使用的合理性评估是确保高校资源优化配置的核心。审计人员需评估资金分配和使用是否符合高校的实际需求和战略目标。合理的资金使用能够促进高校的可持续发展，提高教育质量和科研水平。通过合理性评估，审计人员可以建议调整资金配置方式，以更好地支持高校的长远发展战略，确保资金的使用效益最大化。

监控资金使用的透明度是增强各方对资金使用过程信任的关键。高校内部审计需建立透明的资金使用信息披露机制，确保相关信息及时公开。透明度的提升不仅有助于提高财务管理的公信力，同时也能促进各方对高校财务管理的监督和支持。通过信息的透明化，利益相关者可以更清晰地了解资金使用情况，从而增强对高校财务管理的信心。

四、内部审计对财务风险的识别与防范

（一）风险识别方法

在高校财务管理中，内部审计对财务风险的识别与防范具有重要作用。风险识别方法的多样性和有效性直接关系财务管理的稳健性。通过识别财务风险的关键指标，如流动比率和资产负债率，可以有效监测高校的财务健康状况。这些指标提供了关于高校财务稳定性和偿债能力的基本信息，帮助管理层及时调整财务策略，防范潜在风险。通过对这些指标的深入分析，内部审计可以识别出财务管理中的薄弱环节，为决策提供数据支持。

利用数据分析技术是现代内部审计识别财务风险的重要手段之一。通过大数据分析，审计人员能够深入挖掘财务数据中的异常波动，及时发现潜在的风险点。这种技术不仅提高了风险识别的精度，也提高了审计工作的效率。通过对历史数据的分析，审计人员可以预测未来可能出现的风险情景，提前制定应对措施。这种前瞻性的风险识别方法，使得高校能够在复杂多变的财务环境中保持稳定。

内部审计在财务风险识别中需开展内部控制评估，以识别控制缺陷和漏洞，确保财务流程的有效性与合规性。内部控制是高校财务管理的重要组成部分，其有效性直接影响到财务风险的防范能力。通过系统的评估，审计人员能够发现并纠正财务流程中的不合理之处，提高内部控制的整体水平。这一过程不仅有助于防范财务风险，也为高校的长远发展提供了坚实的基础。

实施定期风险评估是内部审计在财务风险识别中的重要环节。通过结合外部环境变化，动态调整风险识别策略，审计人员能够更加全面地掌握财务风险

的动态。这种灵活的风险管理方法，确保了高校在面对外部环境变化时，能够迅速作出反应，降低风险带来的不利影响。定期风险评估的实施，使得高校的财务管理更加具有弹性和适应性。

（二）风险评估标准

在高校财务管理中，内部审计作为一种重要的治理工具，其核心职能之一便是对财务风险的识别与防范。风险评估标准的制定，是确保财务风险管理有效性的基础。建立一套科学的财务风险评估指标体系，对于高校来说至关重要。这一体系应涵盖流动性、盈利能力和偿债能力等多个维度，以全面反映高校的财务健康状况。通过这些指标的设定，可以帮助高校在财务管理中及时发现潜在的风险点，保障财务活动的安全性和稳定性。

为了更精确地识别财务风险，内部审计需要采用定量与定性相结合的方法，对各项财务数据进行深入分析。这种方法不仅关注财务数据的表面数字，还需从数据背后挖掘潜在的风险因素和异常波动。通过对财务数据的全面分析，内部审计能够及时识别出可能影响高校财务稳定的风险点，为财务管理提供有力的支持。这种分析方法的应用，不仅提升了风险识别的准确性，也为制定有效的风险应对策略奠定了坚实的基础。

定期开展财务风险评估会议，是内部审计在风险管理中不可或缺的一环。通过这些会议，各部门能够汇聚意见，分析风险因素的变化，进而制订出相应的风险应对策略。这种跨部门的协作，不仅能提高风险评估的全面性和准确性，还能确保各项风险应对措施的有效实施。通过这样的机制，内部审计能够在高校财务管理中发挥更为积极的作用，推动高校治理能力的现代化。

建立风险评估的动态监控机制，是高校财务风险管理适应外部环境变化的关键。随着经济环境的不断变化，高校的财务风险也在不断演变。通过动态监控机制，内部审计能够及时调整风险评估标准和策略，以适应新形势下的风险管理需求。这一机制的建立，确保了高校能够在复杂多变的经济环境中，始终保持财务管理的主动性和适应性。

（三）风险控制措施

在高校财务管理中，风险控制措施是确保财务稳定与安全的重要手段。建立全面的财务风险管理制度是首要任务，这不仅涉及制定详细的政策和程序，还包括明确各部门在风险控制中的职责与流程。通过这种方式，可以确保风险管理措施的有效实施，使每个部门和员工都清楚地了解自己在风险管理中扮演的角色和职责。这种制度化的管理方法为高校财务管理提供了坚实的基础，确保在面对复杂的财务环境时能够保持稳健的运营。

引入先进的信息技术手段是提升风险控制能力的关键措施。利用数据分析和监控系统，可以实现对财务数据的实时跟踪，从而及时识别和应对潜在的财务风险。这些技术手段不仅提高了数据处理的效率，还增强了财务信息的透明度和准确性。通过实时监控，管理层可以迅速获得财务状况的最新信息，作出及时而准确的决策，防止风险的扩大和蔓延。这种技术的应用为高校财务管理注入了新的活力，使其更具前瞻性和反应能力。

为了在全校范围内形成有效的风险防范文化，定期开展财务风险培训是必不可少的。这些培训旨在提高全体员工的风险意识和应对能力，使风险管理不再仅仅是管理层的责任，而是成为全员参与的活动。通过培训，员工能够更好地理解财务风险的性质及其可能带来的影响，从而在日常工作中更加警惕和主动地识别潜在风险。这种全员参与的文化不仅增强了高校的风险防范能力，也提高了整体的财务管理水平。

制订应急预案是应对财务风险的重要策略。针对不同类型的财务风险，高校需要设定相应的应对措施，以确保在风险发生时能够迅速响应和处理。应急预案的制订需要考虑多种因素，包括风险的可能性、影响程度以及可用的资源和手段。通过这些预案，高校可以在风险事件发生时迅速启动响应机制，最大限度地减少损失和影响。这种预见性和准备性为高校财务管理提供了重要的保障。

第三节　内部审计对高校资产管理的审计

一、高校资产管理的内部控制机制

（一）内部控制的实施步骤

内部控制的实施步骤在高校资产管理中起着至关重要的作用。首先，明确内部控制目标是实施内部控制的基础。高校资产管理的目标应当与高校的整体战略规划相一致，以确保资源的合理配置与使用。这样的目标设定不仅能促进高校资源的有效利用，还能为实现高校的长远发展提供坚实的保障。其次，建立责任体系是内部控制的关键环节。通过清晰划分各部门和人员在资产管理中的职责与权限，可以增强管理的职责，从而提高管理的透明度与效率。责任体系的建立能够有效防止权责不清、管理混乱的问题出现，确保各项管理活动有序进行。再次，制定具体的资产管理流程是保证各环节高效运作的必要条件。在资产管理中，采购、使用、维护和处置等环节需要有明确的流程指引，以确保各环节的有序衔接与高效运作。最后，开展定期的内部审计与自我评估是提高管理水平与风险防范能力的重要手段。通过内部审计与自我评估，可以及时识别和纠正资产管理中的问题，从而提高管理水平，增强风险防范能力。这一系列的实施步骤为高校资产管理的内部控制机制提供了系统化的保障，确保资产管理的有效性与安全性。

（二）内部控制的效果评估

内部控制的效果评估在高校资产管理中扮演着至关重要的角色。为了确保高校资产管理的高效性和合规性，建立一个全面的内部控制效果评估指标体系是必不可少的。这个指标体系应当涵盖资产管理的效率、合规性以及风险控制等多个维度。通过系统性和全面性的评估，能够帮助高校识别资产管理中存在的潜在问题和风险，从而为后续的改进提供科学依据。高校应当在设计该指标体系时，充分考虑到其独特的资产管理需求和环境，以确保评估结果的准确性和实用性。

在评估过程中，采用定量与定性相结合的方法是非常有效的策略。定量分析可以通过数据的收集和统计，客观地反映内部控制措施在实际操作中的效果。而定性分析则通过对相关人员的访谈和问卷调查，深入了解内部控制措施在执行过程中所遇到的困难和挑战。通过这种综合分析方法，高校能够识别出内部控制措施中潜在的改进领域和优化空间。这种识别过程不仅有助于提高资产管理的效率，也为高校的整体治理能力现代化提供了重要的支持。

为了确保内部控制措施的持续有效性，高校必须建立健全反馈机制。通过反馈机制，可以及时收集各部门对内部控制措施的意见与建议。这些反馈信息是动态调整和优化控制策略的重要依据。通过不断地调整和优化，高校能够在快速变化的环境中保持其资产管理的高效性和合规性。此外，反馈机制的建立也促进了各部门之间的沟通与协作，有助于形成一个更加协调和高效的管理体系。

定期开展内部审计是确保内部控制有效执行的重要手段。通过内部审计，高校可以检查各项资产管理流程的合规性和有效性。内部审计不仅是对现有控制措施的一次检验，更是对未来管理策略的指导。通过审计发现的问题和不足，高校可以采取有针对性的改进措施，进一步提升其治理能力。内部审计的结果还可以为高校管理层提供决策支持，使其在资产管理上作出更加科学和合理的决策。这种良性循环将有助于推动高校治理能力的现代化进程。

二、内部审计在资产采购过程中的作用

（一）采购流程的审计要点

内部审计在高校资产采购过程中扮演着至关重要的角色，其核心任务是确保采购流程的合规性。通过审计，内部审计部门可以核查所有采购活动是否严格遵循高校内部的规章制度以及相关法律法规。这不仅有助于维护高校的法律合规性，避免法律风险，还能在一定程度上约束采购行为，防止因程序不当而产生的法律纠纷。此外，合规性的审计还可以为高校的采购活动提供一个标准化的框架，确保每一个采购环节都有据可依，减少随意性和不确定性。

透明度是采购流程中一个关键的审计要点。内部审计需要评估采购流程的透明度，确保信息的公开和透明。这一过程不仅增强了各方对采购决策的信任，也有助于减少腐败和不当行为的风险。通过对采购信息的公开化处理，内部审计能够促使各个利益相关者参与监督过程中，从而形成一种相互制约的机制，提升采购决策的公信力和透明度。这种透明度的提升，不仅可以改善高校的管理环境，还可以为其创造一个更加健康的竞争氛围。

供应商选择的公正性是采购流程中不可忽视的一个环节。内部审计部门需要对供应商选择过程进行严格的审查，以确保其基于合理的评估标准，而非主观因素。通过对供应商选择的公正性进行审查，内部审计能够有效防止因个人偏好或利益冲突导致的不当选择。这种审查不仅有助于维护市场公平竞争，还能确保高校在采购中获得最优的产品和服务，从而提高采购的整体质量和效益。

采购合同的审查是内部审计在采购流程中的重要职责。审计人员需要仔细审查采购合同的内容，确保合同条款明确、合理，以保护高校的合法权益。这一过程不仅可以防止潜在的合同争议，还能在合同履行过程中提供明确的指导，

确保各方责任和义务的清晰界定。通过对合同的审查，内部审计可以帮助高校在采购中规避不必要的法律风险，并确保合同能够为高校的长远利益服务。

（二）供应商选择的审计标准

供应商选择的审计标准在高校资产管理中具有重要的指导作用。高校在进行资产采购时，选择合适的供应商是确保采购质量和效益的关键环节。内部审计通过设定严格的审计标准，对供应商选择过程进行全面评估，确保高校资产采购的透明度和可靠性。审计标准不仅包括对供应商的资格审核，还涵盖了对其信誉、财务状况、技术能力和履约情况的综合评估。这些标准的制定和执行，有助于高校在采购过程中有效规避风险，保障资产管理的安全性和高效性。

审计供应商选择过程中的资格审核是内部审计的一项重要职能。通过资格审核，确保所有参与的供应商符合高校的资质要求和行业标准，以降低选择风险。这一过程不仅限于对供应商提供的资质文件进行简单的核查，还包括对其经营历史、法律合规性和行业声誉的深入调查。通过资格审核，内部审计能够有效排除不符合条件的供应商，减少因供应商不当选择而导致的潜在损失和风险。

评估供应商的信誉与历史表现是审计标准中的关键环节。通过审查供应商过往的项目履约情况和客户反馈，内部审计可以判断其市场形象和信誉度。这一评估过程不仅关注供应商在合同执行中的表现，还重视其在行业内的口碑和客户满意度。良好的信誉和历史表现是供应商可靠性的体现，有助于高校在选择过程中作出更为明智的决策，确保采购活动的顺利进行。

检查供应商的财务状况是内部审计对供应商选择的一个重点。确保供应商具备稳定的经济基础和持续的服务能力，是支持高校长期合作需求的前提。通过对供应商财务报表、信用记录和资金运作情况的详细审计，内部审计可以评估其经济实力和风险承受能力。这一过程有助于高校避免因供应商财务问题而导致的履约中断或服务质量下降的风险。

分析供应商的技术能力与服务水平是确保高校采购需求得到满足的重要步骤。内部审计通过对供应商技术能力的详细分析，确保其能够提供符合高校标准的产品和服务。技术能力的审计不仅包括硬件设施和技术人员的配备，还涉及供应商的创新能力和技术支持水平。通过这一过程，内部审计帮助高校选择能够为其提供高质量、创新性解决方案的供应商，促进高校资产管理的现代化。

（三）采购合同的审计检查

在高校的资产管理过程中，内部审计在采购合同的审计检查中扮演着至关重要的角色。采购合同的审计检查是确保高校资产管理中各项活动合规、透明和高效的重要环节。具体来说，审计人员需要详细审查采购合同的条款完整性，确保所有必要的条款如价格、交付时间、质量标准等均已明确列出。这一过程不仅有助于避免后续执行中的争议，还能确保合同履行的每个阶段都有据可循，为高校资产管理提供坚实的法律基础。

在审查采购合同的合规性方面，内部审计需要核实合同签署的合规性。这包括确认合同各方是否具备合法的授权资格，以防止因签署无效合同而引发的法律风险。通过严格的合规性审查，内部审计能够有效防范潜在的法律纠纷，保障高校在资产采购过程中的合法权益。这一环节的审计检查不仅是对合同本身的审查，更是对高校整体法律风险管理能力的提升。

内部审计还需评估合同履行的监督机制。合同中规定的监督和评估措施是否能够有效落实，是保障合同顺利执行的关键。内部审计的介入可以确保这些监督机制切实可行，并在合同履行过程中得到严格执行。这不仅有助于提高合同管理的效率，也为高校资产管理提供了持续的保障，确保采购活动的每个环节都在可控范围内进行。

在合同变更和解除条款的检查中，内部审计需要关注其合理性。确保在需要调整或终止合同时有明确的依据和程序，这是维护高校合法权益的重要措施。通过对合同变更和解除条款的审查，内部审计可以帮助高校在面对突发情况时迅速作出反应，降低合同执行过程中的不确定性和风险。

三、内部审计对资产使用效率的评估

（一）资产使用效率的衡量指标

资产使用效率是高校财务管理中一个关键的评估维度，内部审计通过一系列指标对其进行衡量。这些指标不仅包括资产周转率和投资回报率，还涵盖了其他量化资产使用效果的标准。资产周转率通常反映了资产在特定时期内的周转速度，而投资回报率则衡量了资产投资所带来的收益。这些指标的综合应用，可以帮助高校更准确地了解其资产使用的效果，从而为管理决策提供依据。

资产使用效率的计算方法需要结合具体的财务指标，以便量化资产使用的效果。资产周转率的计算通常涉及总资产与销售收入的比值，而投资回报率则通过净利润与总投资的比值来衡量。这些计算方法提供了一种量化资产使用效率的手段，使得高校能够通过数据分析来检视其资产管理的成效。此外，内部审计还需关注资产使用效率的变化趋势，以便及时调整管理策略，优化资源配置。

对资产使用情况的定期评估是内部审计的重要任务之一。通过定期评估，审计人员能够及时发现闲置或低效使用的资产，促进资源的合理配置。此过程不仅有助于提高资产使用效率，还能为高校的战略发展提供支持。定期评估还需要结合具体的行业标准或历史数据，以便更准确地判断资产的使用状况，从而确保资源的最优配置。

建立资产使用的基准对比是评估资产使用效率的有效方法。通过与行业标准或历史数据的对比，内部审计可以评估资产使用的相对效率。这种基准对比不仅能够揭示当前资产管理中存在的问题，还能为高校提供改进的方向。基准对比的结果可以作为管理层决策的重要参考，帮助其在资源配置和使用上作出更加科学的判断。

分析资产使用的成果与产出是确保资产投入能够带来相应经济效益和社会价值的关键。内部审计通过对资产使用成果的分析，评估其是否达到了预期的经济效益和社会价值。这一过程不仅有助于提高高校的资源利用效率，还能增强其在社会中的竞争力。通过深入分析资产使用的成果，审计人员可以为高校的未来发展提供有价值的建议。

（二）资产使用效率的审计方法

资产使用效率的审计方法在高校资产管理中扮演着至关重要的角色。通过对资产使用效率的审计，可以有效识别和改善资源配置的不足，提高高校的整体管理水平。

采用数据分析工具进行定量评估是其中一种重要的方法。通过对数据的深入分析，审计人员能够识别出资源配置中的有效性与不足，从而为高校的资产管理提供科学依据。这种方法不仅可以提高审计工作的效率，还能为决策者提供更加精准的信息支持，助力高校治理能力的现代化。

现场审计是一种常用的审计方法，通过实地检查资产的使用情况，确保资产得到合理的利用，避免闲置和浪费。现场审计可以发现资产管理中的实际问题，并提出有针对性的改进建议。这种方法不仅能帮助高校优化资源配置，还能提高资产的使用效率，从而为高校的可持续发展提供有力保障。在实施现场审计时，审计人员需具备敏锐的观察力和丰富的实践经验，以便及时发现并解决资产使用中的问题。

建立资产使用的定期报告机制是确保资产管理透明化的重要手段。通过要求各部门定期提交资产使用情况报告，管理层可以对资产的使用状况进行全面监督与决策。这种机制不仅能提高资产管理的透明度，还能促进各部门之间的沟通与协作，形成良好的资产管理氛围。此外，定期报告机制还可以为内部审计提供持续的监控数据，帮助审计人员及时发现资产管理中的潜在问题。

运用绩效评估指标，如投资回报率和资产周转率，能客观衡量资产使用的经济效益。这些指标为高校管理层提供了评估资产使用效率的科学依据，有助于优化资源配置，提高经济效益。通过对绩效评估指标的分析，管理层可以识别出资产管理中的优势和不足，从而制定出更加合理的管理策略，推动高校治理能力的现代化。

（三）提高资产使用效率的建议

提高高校资产使用效率是实现资源最大化利用的重要途径。通过建立资产使用效率评估机制，可以有效地监测和分析资产使用情况。这一机制的核心在于定期审查资产的使用状态，识别低效和闲置资产，以便及时采取优化措施。这不仅有助于提高资产的使用效率，还能为高校的财务管理提供数据支持，促进资源的合理配置和使用，增强整体管理效能。

加强对资产使用的培训是提高资产管理水平的重要手段。通过培训，员工可以提高对资产管理和使用的意识，确保资产得到合理利用。培训内容应包括资产管理的基本原则、使用标准以及相关的法律法规，以帮助员工理解和掌握资产管理的最佳实践。通过这种方式，员工能够在日常工作中自觉地维护资产，提高使用效率，为高校的可持续发展贡献力量。

信息化管理系统的引入为资产使用效率的提高提供了技术支持。实时跟踪资产使用情况，可以帮助管理者及时了解资产的运行状态，并利用数据分析工具优化资源配置。这种技术手段不仅可以减少资产的闲置和浪费，还能提高资产的利用率。通过信息化手段，管理者可以更科学地进行决策，确保资产在各个部门之间的合理分配，进而提高整体的管理效率。

明确的资产使用目标和标准是提高资产使用效率的关键。通过制定清晰的目标和标准，并结合绩效考核机制，可以激励各部门努力提高资产使用效率。绩效考核不仅能促进各部门之间的良性竞争，还能推动管理层对资产使用情况进行更为细致的监督和指导，确保资源的最大化利用。这一措施将为高校的资产管理提供强有力的支持，推动管理水平的不断提高。

四、内部审计对固定资产管理的审查

（一）固定资产登记的审计

在高校财务管理中，固定资产的管理是一项至关重要的任务，内部审计在此过程中发挥着不可或缺的作用。固定资产登记的审计是确保高校资产管理透明度和准确性的基础。通过审计固定资产登记的完整性，审计人员需要确保所有的固定资产信息，包括资产名称、数量及价值等，均已准确录入系统。这一过程不仅可以避免信息遗漏或错误，还能为高校资产的后续管理提供可靠的数据支持。完整的固定资产登记信息是高校进行有效管理和决策的前提条件。

固定资产登记的合规性是审计过程中的一个关键环节。审计人员需严格检查高校固定资产登记的合规性，以确保整个登记过程符合高校内部管理制度及相关法律法规的要求。通过这样的审查，能够有效降低合规风险，防止因不合规操作而引发的法律问题或财务损失。此外，合规性的审计还可以帮助高校进一步完善内部管理制度，提高资产管理的整体水平。

在固定资产的管理中，分类与编码的规范性对于信息系统化至关重要。审计人员需评估固定资产分类与编码的规范性，以确保资产信息系统化，便于后续管理与追溯。这种系统化的信息管理不仅提高了管理效率，也为高校在资产管理中的决策提供了有力的支持。通过规范的分类与编码，高校能够更好地了解和掌握其资产状况，从而在管理中做到心中有数，避免因信息混乱而导致的管理失误。

固定资产的实际使用情况是内部审计关注的重点之一。通过审查固定资产的实际使用情况，审计人员可以确认其是否被合理利用，防止闲置或浪费。合理的资源配置是高校实现可持续发展的重要保障，闲置或浪费的资产不仅是资源的浪费，也是管理效率的低下表现。通过对实际使用情况的审查，高校能够及时调整资源配置，确保资源的有效利用，提升整体管理效能。

（二）固定资产折旧的审计

在高校的财务管理中，固定资产折旧的审计是确保财务信息准确性与合规性的重要环节。固定资产折旧的审计不仅关系到高校的财务报表质量，还直接影响到管理层的决策过程。审计人员需要对固定资产折旧政策的合规性进行深入检查，确保所采用的折旧方法符合相关会计准则及高校内部规定。这一过程不仅有助于规避法律风险，还能为高校的财务透明度提供有力保障。通过对政策合规性的审计，高校可以确保其财务管理的合法性和规范性，从而在财务报告中真实反映资产价值。

评估固定资产折旧计算的合理性是审计过程中的关键环节。合理的折旧计算应基于资产的实际使用情况和预期经济寿命，以确保折旧金额的真实性。审计人员需要仔细评估折旧计算方法是否能够准确反映资产的价值消耗情况。合理的折旧计算不仅有助于高校准确反映其财务状况，还能为资产管理提供科学依据。通过对折旧计算的合理性评估，审计人员能够帮助高校识别潜在的财务风险，并提出改进建议，提升高校资产管理的科学性和有效性。

检查固定资产折旧记录的准确性是确保财务数据一致性的重要步骤。审计人员需要核对每项资产的折旧金额与财务报表中的数据是否一致，以避免因记录错误导致的财务误差。准确的折旧记录是高校财务管理的基础，任何数据的不一致都可能导致财务报表失真，进而影响管理层的决策。通过对折旧记录的细致检查，审计人员能够及时发现并纠正错误，确保财务信息的准确性和完整性，从而为高校财务管理的稳健性提供支持。

审查固定资产折旧对财务报表的影响是评估高校财务状况和经营成果真实性的关键步骤。折旧作为财务报表中的重要组成部分，其计算和记录的准确性直接影响到高校的财务表现。审计人员需要评估折旧金额对财务报表的影响，确保其能够真实、准确地反映高校的财务状况和经营成果。这一审查过程不仅有助于提升财务报表的可信度，还为高校管理层的决策提供了可靠的数据支持，助力高校治理能力的现代化。

建立固定资产折旧的定期审计机制是提高管理效率的重要措施。通过定期检查折旧计算的合理性和合规性，高校可以及时发现并纠正潜在问题，确保财务数据的持续准确性。定期审计机制的建立不仅能提高高校财务管理的效率，还能为管理层提供持续的决策支持。

（三）固定资产盘点的审计

固定资产盘点的审计是高校资产管理中至关重要的一环。通过系统化的盘点计划，确保盘点工作的有序进行是实现有效审计的基础。计划的制订需要明确盘点的时间、范围和责任人，以保证各个环节的协调与高效。盘点计划不仅是工作的指南，更是管理层进行决策的依据。只有在计划阶段明确了各项细节，才能在实际操作中减少不必要的混乱，提高盘点工作的效率与准确性。

在固定资产盘点的现场管理中，确保盘点人员严格按照既定程序进行实物核对是审计成功的关键。在盘点过程中，人员需仔细检查每一件资产，确保记录的准确性和完整性。同时，盘点人员要详细记录发现的问题，如资产的缺失、损坏等情况。现场管理的严谨性直接关系到盘点结果的可靠性，因此，培训和监督盘点人员也是内部审计的重要内容之一，以确保每个步骤都能严谨执行。

固定资产盘点结果的统计与分析是审计工作的核心环节之一。通过对盘点数据的详细分析，能够确保数据的准确性和完整性，为后续管理决策提供坚实的依据。数据分析不仅需要关注资产的数量和状态，还需结合历史数据进行对比，以发现潜在的问题和趋势。这一过程要求审计人员具备较强的数据分析能力和敏锐的洞察力，以便为高校资产管理提出切实可行的改进建议。

针对固定资产盘点中发现的问题，及时制定整改措施是确保资产管理有效性的必要步骤。审计过程中发现的资产缺失、损坏等问题，需立刻进行评估和处理，制订相应的整改计划，并落实到具体责任人。整改措施的实施不仅能弥补现有管理漏洞，还能为未来资产管理提供经验教训，防止类似问题再次发生。

参考文献

[1] 蒋明军，史佳华，王宏. 高校治理能力现代化［M］. 上海：东华大学出版社，2020.

[2] 石猛. 民办高校治理能力及其现代化［M］. 青岛：中国海洋大学出版社，2017.

[3] 乔春华. 高校财务治理研究［M］. 南京：东南大学出版社，2021.

[4] 冯刚，王振，冯刚. 高校思想政治教育治理引论［M］. 北京：团结出版社，2022.

[5] 侯新兵. 大学治理现代化进程中的社会参与研究［M］. 兰州：兰州大学出版社，2023.

[6] 姜恩来. 加快推进大学治理体系和治理能力现代化［M］. 广州：中山大学出版社，2021.

[7] 眭依凡，刘爱生，蔡连玉，等. 高校内部治理体系创新的理论与实践研究［M］. 上海：上海交通大学出版社，2022.

[8] 吴能武. 高等教育治理现代化：主体关系的调整与优化［M］. 上海：上海交通大学出版社，2022.

[9] 刘春江，王能东. 新时代大学治理研究文集［M］. 武汉：武汉理工大学出版社，2021.

[10] 何玉海. 高校教育评估标准：品质、属性、体系及其建设［M］. 上海：上海三联书店. 2019.

[11] 杜永红. 智能审计［M］. 重庆：重庆大学出版社，2023.

[12] 李华丽. 大数据背景下内部审计创新研究［M］. 北京：中国纺织出版社，2021.

[13] 王雁滨，苏巧，陈晓丽. 财务管理智能化与内部审计［M］. 汕头：汕头大学出版社，2021.